Knaur.

Knaur.

*Über die Autorin:*
Constanze Behrends, Jahrgang 1981, ist Schauspielerin, Autorin und Be-
sitzerin des prime time theater in Berlin. Sie ist Erfinderin der weltweit
ersten Theaterserie *Gutes Wedding, schlechtes Wedding,* von der seit sieben Jahren alle drei Wochen eine neue Folge erscheint.
Behrends ist bekannt aus dem preisgekrönten Comedy-Format *Switch
reloaded* und zahlreichen weiteren Film- und Fernsehproduktionen. Sie
lebt mit Mann und Tochter in Berlin.
Weitere Informationen zu Constanze Behrends und dem prime time
theater unter: www.primetimetheater.de

# Constanze Behrends

# Kiffer-Barbie

## Das Beste aus meinem Leben

Knaur Taschenbuch Verlag

Originalausgabe September 2011
Knaur Taschenbuch
© 2011 Knaur Taschenbuch
Ein Unternehmen der Droemerschen Verlagsanstalt
Th. Knaur Nachf. GmbH & Co. KG, München
Alle Rechte vorbehalten. Das Werk darf – auch teilweise –
nur mit Genehmigung des Verlags wiedergegeben werden.
Umschlaggestaltung: ZERO Werbeagentur, München
Umschlagabbildung: Mirjam Knickriem
Satz: Adobe InDesign im Verlag
Druck und Bindung: CPI – Clausen & Bosse, Leck
Printed in Germany
ISBN 978-3-426-78433-4

2 4 5 3 1

*Für Sophia*

# Inhalt

ooooooooo

# Multitasking

○○○○○○○○○

Wie schafft sie das nur? Ich sitze im Starbucks mit einem Getränk vor meiner Nase, dessen korrekten Rufnamen ich mir nur merken kann, wenn ich mir einen Knoten in den rechten Temporallappen mache, und beobachte eine junge Mutter. Sie hat ein etwa fünf Monate altes Baby an der Brust, nippt an ihrem vermutlich entkoffeinierten Frappuccino, telefoniert lachend und ruft dabei eine Präsentation in ihrem Laptop auf. Ab und zu streichelt sie auch noch den kleinen schwarzen Hund, dessen Leine sie elegant um ihren Zehn-Zentimeter-Absatz gebunden hat.

Sie ist ein modernes Update dieser Ein-Mann-Kapellen mit etlichen Instrumenten am ganzen Körper aus den Zeiten des guten alten Jahrmarktes, als es noch bärtige Frauen und Gewichtheber in gestreiften Gymnastikanzügen gab. Aus der Trommel auf dem Rücken wurde bei dieser One-Woman-Band ein schickes Prada-Täschchen, aus der Mundharmonika ein Headset und das Akkordeon durch ein Notebook ersetzt. Kommen Sie, staunen Sie, meine Damen und Herren! Das achte Weltwunder, die Mutti-Taskerin!

Jede Talkshow, jede Emanzenzeitschrift, jede Kochrezepte-Homepage und jedes »Frauen sind die besseren Männer«-Buch redet es uns ein: Wir Frauen sind mit der evolutionsbedingten, grandiosen Fähigkeit gesegnet, mehrere Dinge zur selben Zeit tun zu können. Multitasking ist das Killerargument weiblicher Überlegenheit. Oktopusartig kann frau angeblich mit voller Konzentration den Haushalt schmeißen, zweisprachige Kinderlieder singen, dabei noch Sport machen, den Balkon begrünen und via Smartphone den asiatischen Aktienmarkt im Auge behalten …

Tja, an dieser Stelle muss ich mich dann wohl outen: Ich bin eine Frau, und ich kann kein Multitasking! Als dieses sagenumwobene Talent an alle Evas verteilt wurde, muss ich gepennt haben, oder ich hab mit Adam Äpfel geklaut. Ich drohe nämlich, einem Gehirnkollaps zu erliegen, wenn ich mich auf mehr als eine Sache konzentrieren muss. Dann werde ich so tolpatschig wie ein Rüsseltier auf Speed im Keramikfachgeschäft. Am liebsten würde ich eine Selbsthilfegruppe gründen: die anonymen Monotaskerinnen.

Ich brauche stets staatsbibliotheksartige Ruhe, um mir die Wimpern zu tuschen, was ich als hochkomplizierte feinmotorische Tätigkeit empfinde. Einmal klingelte es, als ich mich gerade schminkte. Reflexartig drehte ich den Kopf Richtung Tür, ohne dabei die Mascarabürste mit zu bewegen. So rammte ich mir den Applikator ins Auge und kratzte meine Hornhaut an. Multitasking gefährdet die Gesundheit.

Selbst ein Niesanfall auf der Autobahn bringt mich in Lebensgefahr. Ausgerechnet zu Beginn der Pollensaison sollte ich das Mercedes Cabrio meiner Eltern, das sie »Baby« nennen, zu ihrem Campingplatz fahren. Meine Eltern kämen nie auf die Idee, viel Geld für Reisen auszugeben. »Hotels zocken einen nur ab, und braun wird man am Baggersee auch!« Sie investieren ihr Erspartes lieber in »Sachen von Wert«, wuchtige Schlafsofas, avantgardistische Schrankwandkonstruktionen und Fahrzeuge. Mit offenem Verdeck und Poser-Sonnenbrille donnerte ich über die Autobahn. Da fing meine Nase furchtbar an zu kribbeln, und ich nieste an die zehn Mal. Reflexartig schloss ich bei jedem Nieser meine Augenlider und bemerkte erst viel zu spät das Stauende, auf das ich zufuhr. Nur eine Vollbremsung rettete mir und Baby Benz das Leben. Um ein Haar wäre ich durch die Leitplanke gebrettert.

Weil ich manchmal so verpeilt bin und nix auf die Reihe kriege, nennt mein bester schwuler Freund Toby mich liebevoll Kiffer-Barbie. Äußerlich habe ich tatsächlich etwas von einer Barbie mit meinen 1,83 Meter und den langen blonden Haaren, und innerlich bin ich trotz meiner Intelligenz manchmal so schusselig und vergesslich wie der chaotischste Kettenkiffer.

Mir ist es gänzlich unmöglich, mit einem vollen Kaffeebecher in der Hand zur U-Bahn zu sprinten. Ich wende dabei zwar die Donald-Duck-Technik an (in die Knie gehen und den Hintern rausstrecken), bekleckere mich aber trotzdem, da der Kaffee durch das kleine Loch schwappt und sich an meinen Ärmeln entlang nach oben saugt. Auch während des Telefonierens ist Kaffeetrinken tabu. Es gelingt mir nie, eine Sprechpause zu erwischen, um einen Schluck zu nehmen. Ich trinke immer genau dann, wenn der andere gerade fertig ist und auf ein Zuhörsignal wartet. Ich mache dann »Hmmhh« und verschlucke mich derart ungeschickt, dass mir der Kaffee durch die Nase wieder rausläuft. Deshalb sitze ich jetzt auch ganz brav im Coffee-Shop und hab mein Handy aus. Die junge Mutter dagegen telefoniert immer noch virtuos, während sie ihrem Kind eine SpongeBob-Spieluhr aufzieht und dem Hund ein Leckerli zuwirft. Ich bekomme einige Fetzen des Gesprächs mit. Es geht um Blumenarrangements und einen Cadillac. Sie plant eine Hochzeit! Und das mal eben so nebenbei beim Kaffeetrinken. Ich schaffe es nicht mal, im Auto, an einer roten Ampel stehend, den Radiosender zu wechseln. Als ich das einmal versuchte, verpasste ich das Umschalten der Ampel auf Grün, und die Autos hinter mir gaben ein Hupkonzert. Geschockt fuhr ich los und prallte auf die Stoßstange des Wagens vor mir – das Hupen hatte ihm gegolten …

Meine beste Freundin Susanne hält meine Unfähigkeit zum Multitasking für den Ausdruck meiner Intelligenz. Sie sagt, ich wäre ein zerstreutes Genie, ein Einstein in High Heels. Morgens habe ich tatsächlich manchmal eine Relativitätsfrisur, wenn ich mit nassen Haaren ins Bett bin. Ich bin so vielseitig interessiert, dass ich meinen grauen Zellen sekündlich neuen Input geben muss. Dabei bleiben eben perfide Alltagstätigkeiten meist auf der Strecke.

Susanne ist meine Seelenverwandte. Sie arbeitet als Schauspielerin und Theaterpädagogin, legt einem ungefragt gerne mal die Tarotkarten und hat im Park einen Patenbaum adoptiert. Sie gießt ihn regelmäßig und singt ihm Lieder vor, damit er gut gedeiht. Meine bessere Hälfte hat einen gewaltigen Knacks, einen wahren Urknall, genau wie ich, und deshalb ist sie mir so sympathisch. Aber, wer alle Tassen im Schrank hat, dem fehlt schließlich Platz für die wichtigen Dinge.

Wenn ich nicht in Cafés sitze und über fremde Frauen staune, studiere ich Amerikanistik an der Humboldt-Uni in Berlin. Offiziell bin ich im zweiten Semester, habe aber schon öfter den Studiengang gewechselt als die Farbe meines Lipgloss, weil mich die Konzentration auf Neben- und Beifächer überfordert. Tatsächlich treibe ich mich schon sieben Jahre an der Uni rum, habe nun, ach, von Medizin über Schauspiel, Germanistik und Psychologie schon fast alles studiert mit heißer Müh. Doch ich armer Tor bin nicht nur so klug als wie zuvor, nebenbei muss ich auch noch auf 400-Euro-Basis im Büro eines Reiseveranstalters jobben. Es ist verdammt trostlos, anderen Leuten die Urlaubsparadiese anzupreisen, die man sich selbst nicht leisten kann. Reisefachfrauen sind wie Eunuchen: Sie wissen, wie's geht – theoretisch.

Im Gegensatz zu meinen Eltern leide ich unter Dauerfernweh. Es gibt für mich nichts Schöneres, als ins Taxi zu steigen und zum Flughafen zu fahren. Eigentlich sitze ich im Reisebüro auch nur die Zeit ab, bis ich endlich meinen Traumjob in einer Werbeagentur bekomme. Ich bewerbe mich regelmäßig, wurde aber bis jetzt immer mehr oder weniger freundlich abgelehnt: »Wir wünschen Ihnen weiterhin viel Erfolg.«

Was heißt denn hier weiterhin? Die größten Erfolge meines Lebens waren der erste Preis beim Wiener-Würstchen-Wettessen in der Grundschule, meine Teilnahme am High-Heel-Halbmarathon und die Nacht, in der ich mit drei verschiedenen Typen geknutscht habe. Soll ich das etwa in meinen Lebenslauf aufnehmen?

Aber ich schweife ab. Das tue ich übrigens auch in der Uni ständig, weshalb ich mir eigentlich dauernd die Mitschriften von Toby borgen muss, da ich nur entweder dem Professor folgen oder mir Notizen machen kann. Versuche ich beides synchron, dann schreibe ich auch alle anderen Eindrücke und Gedanken auf, die während der Vorlesung in meinem Assoziationsgenerator umherschwirren. Ich kann einfach nicht filtern.

»Translatio imperii ist die Westwärtsverschiebung von – woher hab ich eigentlich diesen Kuli – ach, ich weiß, aus diesem Hotel am Wochenende – Scheiße, hab ich da vielleicht meinen Seidenschal liegen lassen – ich muss da gleich anrufen – ach nee, mein Handy ist nicht aufgeladen – in der Mensa ist 'ne Steckdose – hab ich's überhaupt dabei – wieso guckt denn der Typ so komisch – will der was von mir, oder hab ich was im Gesicht – ach, der hat nur auf die Uhr geschaut – mir ist auch langweilig – ich muss unbedingt was essen – ich fühl mich so fett – am besten was mit Eiweiß …«

Wenn ich das als Definition in der nächsten Klausur schreibe, werde ich für verrückt erklärt.

»Entschuldigung?«

Die junge Mutter fragt mich, ob ich auf ihren Hund aufpassen könne, während sie ihr Kind wickeln geht. Ich bin so fasziniert, dass ich ihr die Bitte nicht abschlagen kann. Sie schwingt sich nonchalant die Wickeltasche, die auch noch perfekt zu ihrem Outfit passt, über die Schulter, setzt das Baby auf die Hüfte und holt den Toilettenschlüssel vom Tresen. Dann schließt sie einhändig die Tür auf.

Für mich sind Türen ja die Hölle – oder wenigstens die Pforten davor. Als ich mir zwecks eines Umzugs den Nissan von Susanne ausborgte und voll bepackt die Autotür aufschließen wollte, scheiterte ich gnadenlos. Ich probierte es exakt 22 Mal und befürchtete, dass ich das Schloss irgendwie kaputt gemacht habe. Also rief ich den Schlüsseldienst. Der junge Mann in der grünen Latzhose lachte sich halbtot. Jedes der 22 Male, die ich versucht hatte, den Wagen zu öffnen, hatte ich den Schlüssel in die falsche Richtung gedreht. Nissan ist ein japanisches Auto, da schließen die Schlösser andersrum. Vermutlich gibt's da mehr Linkshänder – die sollen ja kreativer sein, weil die die andere Gehirnhälfte benutzen – mein Exfreund Frank ist Linkshänder – kreativ ist der jedenfalls – ach, ich tu's schon wieder. 'tschuldigung.

Auch aus meiner Wohnung sperre ich mich des Öfteren aus, weil ich anstelle meines Schlüssels die lange Kette mit Medaillon in der Hand habe, die ich mir noch umhängen wollte. Oder ich vergesse den Schlüssel im Kühlschrank, weil ich nach einem missglückten Diätexperiment mal wieder heißhungrig nach Hause gekommen bin und alle Sachen von mir geworfen habe. Mit meinem Kühlschrank habe ich sowieso eine besondere Beziehung. Ich hebe darin Strumpfhosen auf. Nicht, weil sie dann angeblich weniger schnell reißen, sondern weil ich in meinem provisorischen Schrank (ein riesiger Kleidersack mit Englische-Telefonzelle-Print) nie etwas wiederfinde.

Ich bin also außer verpeilt auch noch die geborene Anti-Hausfrau. Mir ist es nicht nur unbegreiflich, wie man mit Fliesenputzen und Schmorbratenkochen ausgefüllt sein kann, ich bin außerdem total impotent, einen Haushalt zu führen. Allein das Wort lässt mich schaudern. Leider kann ich es mir jedoch nicht leisten, jedes Mal meine dreckigen Sachen wegzuwerfen und neue zu kaufen (das wär geil), und Geld für eine Putzfrau habe ich auch keins (denn dann müsste ich grundsätzlich auf neue Klamotten verzichten). Also muss ich doch ab und zu den Staubwedel schwingen.

Doch eigentlich tue ich das immer nur, wenn ich kurz vor Abgabe einer wichtigen Hausarbeit stehe, so wie heute Morgen. Aus Angst vor dem weißen Blatt Papier und dem hinterlistigen Cursor, der so ungeduldig blinkte, fiel mir ein, dass ich unbedingt diesen Rotweinfleck aus dem Teppich kriegen muss. Ich kippte eine Flasche Spülmittel drauf und schrubbte mir die Seele aus dem Leib. Klappte nicht. Vielleicht muss es eine Weile einwirken. Also setzte ich schon mal die Waschmaschine auf. Verdammt, ich hab schon wieder kein Waschpulver gekauft! Ob das auch mit Spülmittel geht? Ach nee, das ist ja alle. Seife könnte ich probieren. Ich hab irgendwo noch Handseife in Schweinchenform aus der Apotheke, die könnte ich in die Waschmaschine raspeln. In der Apothekentüte entdeckte ich meine Pillenpackung und auch, dass ich sie zwei Tage nicht genommen hab. Uuuups! Sofort setzte ich mich an den Computer und googelte, was zu tun ist. Als dabei eine Web-Anzeige für ein neues Outletcenter in Berlin aufpoppte, war ich am Arsch. Denn jetzt bleiben die Hausarbeit, die halbgefüllte Waschmaschine und der nasse Rotweinfleck den ganzen Tag unberührt wie eine Sahnetorte in der Model-WG, und mir wird erst am Abend, wenn ich mit meinen vollen Einkaufstüten nach Hause kommen werde, auffallen, dass da ja noch was war.

Ich wohne bereits zwei Jahre in meiner neuen Wohnung, habe es seither aber noch nicht geschafft, meine Bilder aufzuhängen.

Dabei hat mir mein Vater zum Einzug extra einen pinken Werkzeugkoffer mit niedlichen rosa Hämmerchen und einem Akkuschrauber mit Glitzersteinchen geschenkt. Das Rosa soll, genau wie bei Ladylaptops und Tussihandys, Frauen wie mir die Angst vor Technik nehmen. Das funktioniert aber dummerweise nicht, da ich mir immer, wenn ich meinen Werkzeugkoffer in die Hand nehme, überlege, was ich dazu anziehen könnte. Und solange ich kein Outfit habe, das nach sexy Handwerkerin aussieht und sich nicht mit den rosa Hämmerchen beißt, werden die Bilder wohl weiterhin auf den Regalen stehen müssen.

Die Superfrau ist inzwischen zurück und reißt mich aus meinen Gedanken. Sie packt ihren Laptop ein und verfrachtet das Baby in den Buggy. Da zieht die Kleine eine Schippe und stößt in Intervallen verzweifelte Ich-bin-mit-der-Gesamtsituation-unzufrieden-Schreie aus. Die Mutti-Taskerin ist davon jedoch kein bisschen gestresst, sondern nimmt ihre Tochter aus dem Wagen und wirft sie hoch in die Luft. Dabei lässt sie ihre Lippen flattern, um das Geräusch eines Flugzeugs zu imitieren. Das Baby kaut auf seinem Fäustchen rum und steckt mit seinem glockenhellen Kinderlachen den ganzen Starbucks an. Wahnsinn!
Wenn ich jemals ein Kind habe, merke ich vermutlich erst beim Wickeln, dass ich neue Windeln kaufen muss, und hülle das Kleine stattdessen in Küchenrolle, die ich mit Gaffer-Tape zusammenklebe. Ich kann mich ja nicht mal um Haustiere kümmern. Mit sieben Jahren hatte ich einen Hamster namens Bernd, der es liebte, auf unserem Schallplattenspieler (ja, so alt bin ich) herumzukreisen. Als meine Mutter mich zum Essen rief, vergaß ich Bernd jedoch auf der Platte. Erst als der *Traumzauberbaum* zu Ende war, kam ich zurück ins Zimmer. Bernd hatte sich in-

zwischen mehrfach übergeben und lebte nach seinem Dreh-
wurmtrauma nicht mehr lange.

Wonder-Womans Hund hat meine Betreuung glücklicherweise
gut überstanden. Es war ja auch kein Plattenspieler in der Nähe.
Die Power-Mom bedankt sich und winkt mir mit der kleinen
Hand ihrer Tochter zu. Ich kann nicht anders, ich muss sie fragen: »Wie schaffen Sie das nur?«

»Was denn? Ich hab doch nur mein Kind gestillt.«

»Na ja, und den Hund gefüttert und telefoniert …«

»Ach, das war doch nur so nebenbei. Man muss sich immer auf
die Hauptsache konzentrieren.« Sie lächelt, schaut ihre Kleine
an und verdreht dabei lustig ihre Augen. »Und du bist die
Hauptsache, ne?«

Dann verlässt sie mit dem glucksenden Baby auf dem Arm, der
Hundeleine am Handgelenk, den Kinderwagen vor sich her-
schiebend den Laden. Das Mutti-Tasking ist also nur durch
einen anderen Mythos möglich: den Mutterinstinkt.

Apropos Mutterinstinkt: Meine eigene Mutter hat übrigens
auch einen besonderen Spitznahmen für mich: »Miss Geschicklichkeit« …

# Waldorfschüler

°°°°°°°°°

Leider stelle ich mich in der Liebe auch oft sehr ungeschickt an. Ich bin zwar noch jung an Jahren, musste allerdings schon häufiger mit schrägen Typen fertig werden und habe Liebeskummer abonniert. Die wohl absurdeste Beziehungskatastrophe erlebte ich mit Anastasius. Er war kein Grieche, wie der Name vermuten lässt, sondern Waldorfschüler. Und da die Waldorfschule lebenslanges Lernen proklamiert, war er auch mit 24 noch Waldorfschüler aus Leidenschaft. Sein Vater hatte eine Gynäkologiepraxis, und seine Mutter machte mit 47 Jahren ihre erste Ausbildung zur Homöopathin. Anastasius ist eines von fünf Geschwistern, die ihm alle so ähnlich sehen, als wären sie geklont, auch die Mädchen. Ich traf ihn, während ich drei unglückselige Semester an der Schauspielschule studierte. Wir hatten gerade Akrobatikunterricht. Da lernten wir Jonglieren, Bühnenkampf und Tai-Chi – alles wunderbare Vorbereitungen auf den zukünftigen Broterwerb als Gaukler bei Straßenfesten. Hätte ich während des Schauspielstudiums nicht Susanne kennengelernt, wäre es komplett verschwendete Lebenszeit gewesen.

Ich fand Anastasius zwar nicht sonderlich attraktiv, kam aber just aus einer anstrengenden On-Off-Beziehung und war ganz froh über ein wenig männliches Interesse. Wir beschlossen, einen Kaffee trinken zu gehen, stellten fest, dass unsere Geburtstage nur zwei Tage auseinanderliegen, und redeten bis zum Sonnenuntergang. Unsere Affäre verlief, als hätte sich die Fernbedienung in der Sofaritze eingeklemmt und die Fast-Forward-Taste bliebe dauergedrückt. Bereits nach wenigen Tagen waren wir uns so nah wie ein altes Ehepaar. Es fehlte nicht viel, und wir hätten Khakihosen im Partnerlook getragen. Nach einem Monat überlegten wir bereits, zusammenzuziehen. Und so war es nur logisch, dass wir uns in den Sommerferien gegenseitig unseren Eltern vorstellten. Mein Vater, ein konservativer Naturfreund, war unangenehm berührt, als der anthroposophische Anastasius ihn zum Abschied küsste. Meine Mutter war genervt, dass der Waldorfschüler ihre Kuchenrezepte verbessern wollte. Elterliches Fazit: weichgespültes Bübchen.

Seine Familie dagegen war waaahnsinnig aufgeschlossen. Es war beinah gruselig. Sie empfingen mich mit leuchtenden Augen, wie Fanatiker, die dem nahenden Weltuntergang entgegenfiebern. Natürlich wurde ich geküsst, von allen Familienmitgliedern, und zwar auf den Mund. Sorry, ich bin bestimmt nicht prüde, aber bevor ich einen knapp 60-jährigen Frauenarzt küsse, muss er mir wenigstens einen Drink spendiert oder illegale Substanzen besorgt haben.

»Piep, piep, piep, wir haben uns alle lieb. Guten Appetit.« Ich konnte nicht fassen, dass diese Worte aus meinem Mund kamen, während wir uns an den Händen hielten und rhythmisch dazu wippten. Wir verbrachten einen gesprächsintensiven Abend bei Speisen mit Ingwer und Kardamom. Ich musste den Gesundheitszustand meiner Familie erläutern und meine bisherigen Krankenhausaufenthalte rechtfertigen. Anastasius' Mutter glaubte als angehende Homöopathin nämlich, dass es gar keine Krankheiten gibt. Alle Beschwerden kämen nur von einem Missverhältnis der Körpersäfte. Ich lächelte äußerlich und innerlich kam mir die Galle hoch. Wo bin ich hier nur gelandet? Am Abend zeigte mir Anastasius sein Zimmer. Das Bett war aus schwerem Holz gesägt und seitlich abgerundet. Er hatte es selbst gebaut. Seine Abschlussarbeit auf der Waldorfschule. Oje, wenn ich daran denke, wie viel ich für mein Abi gebüffelt habe! Ich wollte mehr über diese sagenumwobene Schule wissen. Waldorf. Das klingt nach kleinen Zwergen mit großen Füßen, die in runden Holzhütten hausen. Anastasius klärte mich auf. Im Eurythmieunterricht habe er gelernt, seinen Namen zu tanzen. Eurythmie sei eine Art Ausdruckstanz, bei dem Töne, Gefühle und sogar Mathematik in Bewegung umgesetzt werden, erklärte er mir Nicht-Waldorflerin geduldig.

»Also quasi Gebärdensprache XXL«, sagte ich.

Anastasius lernte schreiben durch Eurythmie. Alle Buchstaben seien kleine Figuren, die Partnerschaften eingehen und so zu Wörtern werden. Außerdem hatte er Unterricht in diversen Handarbeiten. Er kann Jahreszeitenengel aus Märchenwolle filzen, und beim Stricken ist jede Masche ein kleines Schäfchen. Wer die wenigsten Schäfchen fallen lässt, ist am Ende des Epochenunterrichts ein »guter Hirte«. Außerdem schöpfen die Waldorfkinder ihr Klopapier selbst.

»Und was ist, wenn ein Kind mal dringend muss?«, fragte ich, erntete jedoch einen Mach-doch-keinen-Quatsch-Blick. Anastasius erzählte mir auch, dass er viel lieber subtrahiert als addiert: »Beim Subtrahieren gibt man etwas weg, teilt es mit anderen, während man beim Addieren Dinge ansammelt und für sich behält. Das finde ich egoistisch.«

Deshalb hat er auch bis heute eine Rechenschwäche. Wahrscheinlich hatte er gerade während des Mathematikunterrichts häufig das Kreativangebot in der Bastelecke genutzt. Statt Bruchrechnen lernte er zu klöppeln, und statt Sinuskurven malte er Mandalas.

Anastasius war bald eingeschlafen, ich dagegen wälzte mich in dieser Nacht unruhig hin und her, träumte von Schafen, die Filzhüte tragen und Klopapier schöpfen. Ich schreckte hoch. Anastasius nahm mich in den Arm und versuchte, mich zu beruhigen.

»Das ist nur Charlene.« Ich dachte, er träume irgendwas.

»Wer ist denn Charlene?«, fragte ich amüsiert.

»Meine Exfreundin.«

»Aha, und hat sie dein selbstgebautes Bett verflucht, oder was?«

»Nein, sie liegt drunter«, sagte er gähnend.

»Ja klar. Guter Witz!« Aber irgendwie war mir nicht nach Lachen zumute.

»Wir waren zusammen, als ich in der Zehnten war. Sie war eine Austauschschülerin aus Amerika. Ein paar Monate nach ihrem Rückflug weckten mich nachts meine Eltern, um mir zu erzählen, dass Charlene einen Autounfall hatte und gestorben ist. Ihre Mutter hat mir einen Teil von Charlenes Asche geschickt, damit sie bei mir sein kann. Die Asche liegt in einer Kiste unter dem Bett.«

Noch nie bin ich so schnell aus einem Bett gesprungen.

»Du hast die Asche einer Toten unter deinem Bett?« Meine Stimme schrillte wie die einer Comicfigur.

»Das ist doch nur ihr physischer Leib. Das, was sie wirklich ausmachte, der Astralleib, ihr Ätherleib und ihr Ich, sind doch längst bei Gott.«

»Scheiße!«, prustete ich vollkommen antianthroposophisch heraus. Die Situation war zu absurd. Anastasius erzählte mir freudig, dass er sogar ein Stückchen Knochenplatte in der Asche gefunden hatte. Da hörte der Spaß auf. Ich bin ja wirklich hart im Nehmen. Auf meinem kurzen Abstecher in die Welt des Medizinstudiums habe ich sogar mal eine Kniescheibe seziert. Aber der toten Freundin über die Knochensplitter zu streicheln, ist morbid. Mit Kopfkissen und Bettdecke unter dem Arm zog ich auf die Couch ins Wohnzimmer, stellte zuvor jedoch sicher, dass sich keine Leichenteile darunter befanden.

Am nächsten Morgen weckte mich die Waldorfmutter mit selbstgebackenen Schrotbrötchen und einer tollen Idee: »Wie wär's, wenn ihr mit uns nach Frankreich fahrt?«

Ich hatte keine Ahnung, wovon sie sprach.

»Wir haben dort ein kleines Ferienhaus. Übermorgen geht's los. Es liegt direkt am Meer, und es ist genug Platz für alle.«

Mein Instinkt sagte mir, hau ab. Mach dich aus dem Staub, solange du noch kannst, aber ich wollte nicht unhöflich sein und sagte: »Ich denk mal drüber nach!«

»Piep, piep, piep, wir haben uns alle lieb. Guten Appetit.« Oh, Gott, das Ritual wurde selbst am Frühstückstisch durchgezogen. Während Anastasius' Geschwister übrig gebliebene Schokoosterhasen auf ihre Brötchen drückten und als Nutella-Ersatz recycelten, analysierte seine Mutter die Größe meiner Ohren. Ich habe riesige Ohren, die, als ich klein war, extrem abstanden. Die anderen Kinder nannten mich immer »Dumbo, der fliegende Elefant«. Anastasius' Mutter meinte jedoch, große Ohren seien ein Anzeichen für Konfliktfähigkeit. Sie kannte nicht die Streitereien mit meiner Mutter und das tagelange Sich-Anschweigen danach. Außerdem seien die Fingernägel meiner rechten Hand kleiner als die meiner linken, stellte sie fest, was angeblich bedeutet, dass meine Intellektseite stärker ausgeprägt sei als meine emotionale. Sie hatte keine Ahnung, wie sehr ich jedes Mal bei der Telefonwerbung mit dem zahnlosen Opernsänger heule.

»Ich hab gehört, wir fahren mit nach Frankreich!«, holte mich Anastasius auf den Boden der Tatsachen zurück.

»Na ja, mal sehen!«, sagte ich durch die Zähne.

Ich versuchte, ihm per Augenaufschlag mitzuteilen, dass ich jetzt nicht darüber reden wollte. Vor allem nicht vor seiner Familie. Wie praktisch wäre jetzt eine kleine, aber eindeutige eurythmische Handbewegung gewesen.

»Das wird dir gefallen«, fing nun auch noch der Frauenarzt an. »Wir fahren da jedes Jahr hin, seit 1976!«

»Ich weiß nicht!« Hilfesuchend blickte ich Anastasius an. Doch der dachte gar nicht daran, mir beizustehen, sondern fiel in den Sprechgesang ein, den seine Klone anstimmten: »Mitkommen! Mitkommen! Mitkommen!« Dabei trommelten sie mit ihren abgerundeten Gabeln auf der pastellfarbenen Tischdecke herum und waren kurz davor, ein kompliziertes Jazzstück zu improvisieren, als ich mich schließlich geschlagen gab. Zumal ich nichts anderes geplant hatte; und im Sommer in Berlin rumzuhängen, macht keinen Spaß. Die Wasserflächen der Freibäder sind schlimmer von Öl verschmiert als die Nordsee nach einer Tankerkatastrophe, und in den übervölkerten Baggerseen muss man sich durch Schlingpflanzen und Schlamm kämpfen. Dann doch lieber ans Meer. Juhu! Urlaub! Und wenn's auch noch kostenlos ist … wieso nicht? Diese esoterische Waldorffamilie werde ich schon aushalten. Dachte ich.

Zwei Tage und vier »piep, piep, piep« später packten wir alles in das geräumige Home-Mobil, das ich aus Spaß Homo-Mobil nannte. Mein Scherz wurde von den jüngeren Geschwistern mit besorgtem Kopfschütteln quittiert. Vollkommen spaßbefreit, diese Bande! Kaum hatten wir das Ortsausgangsschild passiert und den ersten Lorbeerblättertee aus der selbstgestalteten Thermoskanne genossen, hatte ich ein dringendes Bedürfnis. Eine Blasenentzündung. O nein, was kann es Blöderes geben auf einer vierzehnstündigen Autofahrt? Doch meine Bitte, kurz bei einer Apotheke anzuhalten, wurde nicht erhört. Stattdessen setzte sich Anastasius' Mutter neben mich und befahl mir, ihr meinen Fuß zu geben.

»Deine Blase will dir etwas mitteilen«, informierte sie mich, »deine Organe sind nicht im Einklang. Aber auf deiner Fußsohle ist eine Landkarte deines Körpers abgebildet. Wenn wir die Verspannungen in deinen Füßen lösen, wird auch deine Blase keinen Ärger mehr machen.«

Sie massierte, ich lachte, sie drückte, ich schrie. Dann presste sie mit aller Gewalt einen Punkt unterhalb meines großen Zehs. Mir schossen Tränen in die Augen – vor Schmerzen.

»Lass es raus. Die Verspannungen wandeln sich in Tränen und werden so aus deinem Körper geschwemmt.«

»Hör auf, das tut weh!«, sagte ich.

»Halt noch ein bisschen durch!«, mischte sich nun Anastasius ein und hielt mich fest. Die übrigen Geschwister stimmten ein christliches Lied an, und der Frauenarzt am Steuer sang die Terz drüber. Was sollte das werden, ein Exorzismus? Sollte ich meinen Kopf nach hinten schrauben und rückwärts die Treppe runterkrabbeln? Als mich die Waldorffamilie endlich losließ, war mein Harndrang vom pulsierenden Schmerz eines walnussgroßen Blutergusses überlagert. An der nächsten Tankstelle pumpte ich mich mit Aspirin voll und trank einen halben Liter Kaffee. Das half etwas.

In den Snackpausen gab es Muttis liebevoll geschmierte Pausenbrote ohne Kruste, obwohl keines der Kinder unter zwölf war und der Frauenarzt wahrscheinlich auch noch kein Gebiss trug. Auf den Schnittchen umspielte immer ein Salatblatt ein Scheibchen Bärchenwurst oder Weichkäse, das wiederum von einem rosettenförmigen Radieschen und etwas Gartenkresse aus eigenem Anbau gekrönt wurde.

Am Morgen des nächsten Tages erreichten wir Südfrankreich. Das Dorf hieß »La Jenny«. Warum die älteste Tochter Jenny heißt, war damit geklärt. Am Ortseingang stand »Domaine Residentiel Naturiste«. Schön, dachte ich, die Bewohner hier sind sehr naturverbunden. Auch bei den ersten nackten Menschen, die uns auf den mit weißen Steinchen bestreuten Wegen entgegenkamen, glaubte ich noch, sie kämen gerade vom Strand und hätten ihre Badehosen verloren. Doch als wir ausgepackt hatten und der Frauenarzt vollkommen selbstverständlich baumelnden Geschlechts in den kleinen Supermarkt ging, wurde mir schockartig klar: Ich war in einem Nudisten-Camp gelandet.

Ich habe ja so grundsätzlich nichts gegen FKK. Immerhin bin ich Ossi. Bei uns war das normal. Wir hatten ja nichts. Aber ein ganzes Dorf, nackt? Das ist echt der Hammer. Oben ohne sonnen: okay. Oben ohne reiten gehen und dabei die Elastizität der Brüste testen: nicht okay. Es gab nackte Golfspieler, die mit ganz anderen Handicaps zu kämpfen hatten als Bekleidete. Denn das Durchschwingen eines Golfschlägers macht ulkige Dinge mit dem menschlichen Körper. Menschen jeden Alters gingen nackt einkaufen, machten nackt Yoga und Bogenschießen, spazierten nackig romantisch am Strand, und wenn es abends kalt wurde, warf man sich ein bauchfreies T-Shirt über. Hauptsache, das Geschlecht war für jedermann sichtbar. So wie Gott sie schuf sehen alle Menschen irgendwie lustig aus. Die alte Frau da oben muss Humor gehabt haben.

Die Waldorfler waren so was wie die Adeligen von »La Jenny«. Alle kannten sie. Wir gingen barbusig Billard spielen und zum Unten-ohne-Karaoke. Zum Glück konnte ich mich immer mit meiner Blasenentzündung herausreden und wenigstens mein Allerheiligstes bedecken. Jenny hingegen stand eines Nachmittags auf der Terrasse vor mir mit einer ganzen Tube Enthaarungscreme auf ihrer Bikinizone und fragte mich allen Ernstes, ob sie ihr beim Abschaben helfen könne. Ich verwies sie auf ihren Vater, der mache das doch beruflich, und flüchtete.

Anastasius war sogar noch weichgespülter als sonst. Er bastelte mir gefühlte 80 Muschelketten und schleppte allerhand Zeug vom Strand mit ins Ferienhaus. Seetang, gestrandete Schuhe, alte Autoreifen, Krebse und Seesterne. Damit gestaltete er

Schreibhefte, Wandbilder, und aus getrocknetem Seetang versuchte er, einen Pullover zu häkeln. Abgesehen davon war Sex unsere einzige Beschäftigung. Viel mehr hatten wir eh nicht gemeinsam, wie ich auf dieser Reise feststellen musste. Aber auch die körperliche Liebe verging mir, als seine Eltern eines Morgens mit uns über die Stellungen des Kamasutra sprechen wollten und uns einschlägige Literatur empfahlen. Haben die denn gar keine Scham, außer der offensichtlichen?

Nach einer Woche hatte ich die Schnauze voll. Ich hatte genug davon, nicht zu wissen, wo ich hinschauen soll, wenn ich jemandem begegnete. Ich peilte immer das Gesicht an, aber irgendwie schaut man doch automatisch auf irgendeine Stelle am Körper, wenn man nachdenkt oder so. Ich ertappte mich, wie ich gedankenverloren Anastasius' Schwester auf die Brüste starrte, während sie mir von ihren selbstgetöpferten Visitentellern erzählte. Ich musste hier raus. Also sagte ich Anastasius, dass ich zurück trampen wolle. Er konnte das überhaupt nicht verstehen, schließlich fühlte er sich sehr geborgen. Beim Abendessen musste ich mein Anliegen dem Familienrat kundtun. Zu meiner Überraschung stieß ich auf Verständnis. Ich hätte mich sowieso nicht so richtig in die Gruppe integriert, weil ich beim Volleyballspielen auf Badebekleidung bestand. Außerdem habe man gemerkt, dass ich mich unwohl fühlte. Ich sei wohl einfach noch nicht so weit. Nach meiner letzten Nacht in »La Jenny« bekam ich ein paar anthroposophische Schnittchen geschmiert und wurde zur nächsten Autobahnauffahrt gefahren. Anastasius ließ mich übrigens alleine lostrampen. Weichei!

Ein französischer Student nahm mich mit nach Paris. Von dort ging's mit dem Zug nach Nürnberg und dann mit dem »Berlinienbus« nach Hause. Ich hatte knapp 30 Stunden nicht geschlafen. Es ist mir unbegreiflich, wie Jack Bauer aus 24 in diesem Zustand noch Terroristen verhören und Atombomben-

Explosionen verhindern kann. Ich scheiterte bereits daran, die Kopfhörer meines MP3-Players zu entwirren. Wie ein Zombi aus *Die Nacht der lebenden Toten* kam ich am frühen Morgen in Berlin an. Meine Augenringe hätten einem Pandabären Konkurrenz gemacht. Halb tot betrat ich meine Wohnung und war unsagbar glücklich, wieder in meiner schmuddelig-gemütlichen Bude ohne Pastelltöne und Weleda Naturkosmetik zu sein.

Ich genoss den Sommer dann doch auf dem Badeschiff und an sumpfigen Textilstränden und weiß jetzt bei Liebeskummer die heilenden Kräfte des Berliner Naturschlamms zu würdigen.

# Die Politik-Barbie

○○○○○○○○○○

Was ist denn heute nur los? Ich habe das Gefühl, alle Unterschriftensammler, Flyerverteiler und Klingelbüchsenklapperer des Planeten haben sich zwischen meiner Wohnungstür und der Uni postiert, um mich abzufangen. Nachdem ich nachts um 7.30 Uhr von den Zeugen Jehovas geweckt wurde, darf ich auf dem Weg zur U-Bahn gegen den Walfang unterschreiben, für ein Kinderheim spenden, bekomme von der SPD eine Rose und von der FDP einen gelb-blauen Taschenrechner geschenkt und kann gerade noch vor einer Gruppe militanter Abtreibungsgegner flüchten, die Mini-Plastik-Embryos unter die Leute bringen wollen. Es scheint, als gäbe es keine Chance, sich *nicht* mit Politik zu beschäftigen.

Schon zu DDR-Zeiten, als Jungpionier, habe ich versucht, mich weitestgehend rauszuhalten, und übernahm lediglich den Posten als Wandzeitungsredakteurin. Diesen war ich allerdings schnell wieder los, weil ich in der zweiten Klasse ein Bild aus der *Micky Maus* anpinnte, die mir meine Oma aus dem Westen mitgebracht hatte. Ich verstand überhaupt nicht, wieso das bunte Bild einer Maus solch einen Ärger anzetteln konnte. Es gab Belehrungen vom Direktor, und meine Eltern wurden verhört. Zur »Festigung meiner sozialistischen Gesinnung« musste ich einen Vortrag über Marx und Engels halten. Dabei war ich für ein Kind extrem sozialistisch eingestellt. Ich liebte besonders die Zeugnisausgabe und den Schulanfang, wenn wir unsere gebügelten Pionierblusen anzogen. Alle waren gleich, das mochte ich. Ich hatte sogar ein kleines Pionierkäppi, das ich voller Stolz trug, obwohl es mich bereits mit acht Jahren in modische Bedrängnis brachte. Ich konnte mich nämlich am Maifeiertag nicht entscheiden, ob ich lieber das militärische Schiffchen oder das blütenförmige Tüllhaargummi tragen sollte, das mir meine russische Brieffreundin Swetlana geschickt hatte. Auch im Sozialismus konnte man ein real existierendes Fashion-Victim werden. Beim Gummihopsen erfand ich eine neue Hüpftechnik, die ich »Ernst Thälmann« nannte. Und von der Mauer erfuhr ich erst, als sie fiel.

Natürlich wusste ich, dass wir nicht in den Westen reisen durften. Das war nur meiner Oma erlaubt, weil sie dort Verwandte hatte. Deshalb dachte ich, im Westen würden nur alte Menschen leben. Mir war ganz und gar nicht bewusst, dass mein kleines Heimatland eingemauert war. In der ostdeutschen Provinz sah man die Grenze ja nie. Erst als der antifaschistische Schutzwall löchrig wurde, kam ich bewusst mit Politik in Berührung. Am Abend des neunten November renovierten wir gerade unser Wohnzimmer und hatten die Qual der Wahl zwischen den Trabi-Farben delphingrau und atlasweiß, die wir als Bückware unter dem Ladentisch erstanden hatten. Da verlas Schabowski die berühmten Worte auf der Pressekonferenz. Meine Mutter ließ den Pinsel fallen und kommentierte trocken: »Lasst uns noch warten. Ich glaube, es gibt bald noch mehr Farben.«

Gleich am nächsten Tag fuhren wir nach Berlin. Wir waren erst einen Monat zuvor dort gewesen. Zum 40. Geburtstag der Republik. Ich hatte unbedingt Erich Honecker zuwinken wollen. Wie gesagt, ich war echt sozialistisch sozialisiert. Ist ja auch klar, wenn der Typ in jedem Klassenzimmer hängen darf (im Gegensatz zu Micky Maus), muss man den ja interessant finden. Doch der auf der Tribüne grüßende Opi mit der Zitterstimme und der Fellchapka wirkte selbst ein wenig wie eine Comicfigur.

Das Passieren des Grenzübergangs ist mir komplett entfallen. Eingeprägt in mein achtjähriges Hirn hat sich hingegen unser sogenanntes kleines Familienwunder: Am U-Bahnhof Friedrichstraße ging meine damals vierjährige Schwester Caro in der Menschenmenge verloren. Meine Mutter schrie nach ihr, aber es war kein Durchkommen. Also hoben die Leute hinter uns die Kleine hoch, und sie wurde über den Köpfen zu meiner Familie durchgereicht. Ich war ein wenig neidisch auf Caro. Wer kann schon behaupten, im zarten Alter von vier Jahren Stage-Diving gemacht zu haben?

Alles war so bunt. Meine Mutter hatte recht. Die DDR war schwarz-weiß gewesen, der Westen in Farbe. Ich kann mich auch nicht entsinnen, vor 1989 jemals Schokolade gegessen zu haben. Und jetzt gab es Tausende Sorten, mit eingängigen Namen und lustigen Bildern darauf. Meine ersten Duplo- und Hanuta-Verpackungen klebte ich sogar in ein Sammelalbum. Wie Alice die Tür zum Wunderland öffnet, so öffnete ich die Tür zum Westen. Träume wurden wahr. Und dabei ging es nicht darum, all die schönen Dinge zu besitzen. Allein, sie bloß anzusehen, machte mich glücklich.

Das wichtigste Symbol der Wendezeit wird für mich immer eine Barbiepuppe sein. Ihr hohler Kunststoffleib verkörpert den westlichen Wohlstand. Aus rot wurde pink. Russische Matroschka-Püppchen hatte ich zuvor zwar auch geliebt, aber kein junges Mädchen möchte jemals so werden: kleiner Kopf, riesiger Bauch und nur zur Reproduktion da. Barbie ist das Gegenteil: Ihre Taille ist anatomisch utopisch, es sei denn, man entfernt die Hälfte aller Rippen und die Milz. Der Atombusen müsste sie vornüberkippen lassen, und ihr Becken ist alles andere als gebärfreudig. Für mich war sie trotzdem der Inbegriff der idealen Frau. Riesige rosa Regale glitzerten mich an. Ein pinkfarbener Spielzeugaltar forderte meinen bedingungslosen Glauben an langes, blondiertes Haar und die perfekten Plastikmaße.

Barbie ist Prinzessin, Meerjungfrau, Astronautin. Es gab Pferdekutschen, Barbies Traumhaus, das Hawaii-Zubehör sowie Kleider und winzige Pumps, die schicker waren als alles, was meine Mutter in ihrem Ost-Kleiderschrank hatte. Ich stand unter Hypnose und traute mich nicht, etwas anzufassen. Es war zu kostbar.

Am zehnten November 1989 bekam ich dann meine erste Puppe, und diese Politik-Barbie war mir damals tausendmal wichtiger als Reisefreiheit oder ein Staat ohne Repressalien. Hätte ich vorher gewusst, dass mich von Barbies Wunderwelt eine Mauer trennte, so hätte ich sie vermutlich selbst eingerissen.

Sogar meine erste sexuelle Erfahrung machte ich mit einer Kenpuppe. Ich konnte es kaum erwarten, Barbies Lover mit der Gummifrisur nach Hause zu bringen. Ich rannte in mein Zimmer und schaute heimlich nach, wie er unter dem pinken Smoking aussah. Enttäuscht entdeckte ich lediglich einen Plastikschlüpfer. Mein erster nackter Wessi – und er hatte kein Geschlecht.

In der Nachwendezeit veränderte sich einiges. Zunächst einmal hatten wir samstags keine Schule mehr. Dann verschwanden einige Lehrer, weil sie bei einem Verein namens Stasi gewesen waren. Konnte eine Organisation mit Spitznamen wirklich so schlimm sein? Auch mein Lieblingssportlehrer musste dran glauben, weil er uns regelmäßig gefragt hatte, ob die Uhr im Fernsehen Striche oder Punkte hat.

Um meinen neunten Geburtstag herum verteufelte die allgemeine Stimmung alles, was aus dem Osten kam, und huldigte den Westprodukten, vor allem: Elektronikartikeln, Nahrungsmitteln und bunten Klamotten. Späte-80er-Jahre-DDR-Klamotten waren ja schon schrecklich genug, Frühe-90er-Jahre-West-Klamotten aber noch furchtbarer. Mein Vater trug mit Begeisterung eine türkisfarbene Jogginghose aus Polyester zu weißem Tennisshirt und brauner Lederjacke. Der Rücken meiner Mutter wurde so breit wie der eines Bodybuilders, weil ihre Schulterpolster Dallas-artige Ausmaße annahmen. Meine Schwester und ich hatten Steghosen und Longpullis mit Disneymotiven (jetzt durften wir ja). Ich trennte mich von meinen geliebten Pionierblusen und Nickis und schmiss sogar das Tüllhaargummi meiner Brieffreundin weg. Schade eigentlich.

In den nächsten Jahren hatte ich mit Politik dann nicht mehr viel zu tun. Ich entwickelte lediglich ein latentes Misstrauen gegenüber reichen Wessis. Nicht nur wegen ihrer Plastikschlüpfer, sondern weil sie zwielichtige Geschäfte in Ostdeutschland aufbauen wollten. Wie Pilze schossen Versicherungsgesellschaften und Versandhausagenturen aus dem Boden der blühenden Landschaften. Das Urvertrauen vieler Ostler wurde ausgenutzt und sie zu Opfern einer kapitalistischen Abzocke, die nach dem Schneeballprinzip funktionierte.

Mit 17 Jahren war ich dann alternativ drauf. Ich hörte Nirvana, trug einen Nasenring und repräsentierte so ziemlich das Gegenteil einer Politik-Barbie. Der Grunge hatte mich voll und ganz in seinen Bann gezogen, samt zerrissenen Jeans, Karohemden, Joints und linker politischer Gesinnung. Mit meinem damaligen besten Freund fuhr ich in den Ferien immer in Antifa-Workcamps, meistens in ehemalige Konzentrationslager, wo wir verschüttete Baracken freilegten, Ausstellungen aufbauten und echte Punks und Kommunisten kennenlernten. Die sind schon ein lustiges Völkchen. Mal abgesehen von den quietschgrünen Iros und den Sicherheitsnadeln umgibt Punks immer der süßliche Geruch von billigem Bier, und zumindest die, mit denen ich verkehrte, wirkten ziemlich asexuell. Nicht nur, dass man Männlein von Weiblein nicht unterscheiden konnte, die meisten Punks waren trotz ihres gefährlichen Aussehens eher verkuschelt. Wir kochten in schmuddeligen Armee-Kochtöpfen breiige Gerichte und tanzten am Lagerfeuer Pogo zu *Chaos in Berlin*. Die Kommunisten, die es wirklich ernst meinten und nicht nur rote Sterne auf ihre Rucksäcke nähten, weil es cool war, kamen nie zu einer Entscheidung. Einmal ging es darum, ob wir eine Mahnwache abhalten sollten oder nicht. Aber da jeder Demokratie scheiße fand und auf keinen Fall abstimmen wollte, zog sich die Diskussion ewig hin. Einer der Organisatoren des Workcamps forderte alle auf, sich unterzuordnen. Selbstredend rief das die Punks auf den Plan, die aus Prinzip dagegen waren. Die Grunge- und Hippie-Fraktion, zu der ich gehörte, hielt sich raus und machte anschließend die ganze Arbeit. Auf der Demonstration in der Weimarer Innenstadt kam es dann jedoch zu Ausschreitungen. Eine Gruppe Neonazis störte die Mahnwache. Die Kuschelpunks warfen Steine, und ich nahm die Beine in die Hand. Auf Straßenschlachten hatte ich echt null Bock.

Nur zwei Jahre später war ich der Prototyp einer politikverdrossenen Jugendlichen. Ich verstand nicht, was die ganzen Parteien von mir wollten, und es interessierte mich auch nicht. »Wenn Wahlen etwas verändern würden, wären sie verboten«, hatten die Kommunisten gesagt. Mit 19 durfte ich das erste Mal zur Wahlurne schreiten. Obwohl ich bereits in Berlin wohnte, war ich noch bei meinen Eltern gemeldet und sollte mich daher eines Sonntags in meiner ehemaligen Schule einfinden, der Johann-Heinrich-Pestalozzi-Oberschule. Dort, wo ich einst als Wandzeitungsredakteurin ungewollt regimekritisch gewesen war.

Bis 18 Uhr hatte das Wahllokal geöffnet, und ich schob es den ganzen Tag vor mir her. Am Abend war ich mit einem alten

Freund verabredet, den ich lange nicht gesehen hatte, also wollte ich besonders schön aussehen und startete mein Beauty-Ritual. Nach Haarpflege und Beine rasieren (man weiß ja nie) trug ich Bräunungsspray auf, für einen gesünderen Teint. Kurz vor sechs beabsichtigte ich, schnell meine Bürgerpflicht zu erledigen, um danach ins Restaurant zu fahren. Als ich mich von meiner Schwester verabschiedete, sah diese mich entsetzt an: »Was hast du denn gemacht?«

Ich wusste nicht, was sie meinte, bis ich in den Spiegel sah. Das Bräunungsspray hatte lauter braune Flecken auf mein Gesicht und meinen Hals gezaubert. Ich sah aus wie ein Brandopfer. So konnte ich mich nicht sehen lassen. Das Date sagte ich ab und ging auch nicht zur Wahl. Der Barbie-Schönheitswahn hatte meine politischen Aktivitäten vollkommen lahmgelegt. »Wer nicht wählt, wählt rechts«, hörte ich die Kuschelpunks skandieren. Vielleicht hatten sie recht. Braun war ich ja schon.

Kurz vor dem Uni-Gebäude angekommen, wartet schon der nächste Flyerverteiler auf mich. Er ist einfach zum Dahinschmelzen. Dunkle Augen wie ein spanischer Animateur, der übergewichtige Touristen verführt; ausgeblichenes Haar, das in leichten Wellen über seine Schultern fällt. Mit seiner Lederbandkette, die er eng um den Hals trägt, sieht er aus wie ein Surfer. Strahlend nehme ich seinen auf buntes Papier kopierten Zettel entgegen.

»Wow, danke schön«, sage ich, als hätte er mir gerade einen Oskar überreicht, und höre, wie mein Lächeln »pling« macht. Sorgfältig studiere ich den Flyer. Er wirbt für eine Infoveranstaltung über den Studierendenrat.

Also gehe ich eine Woche später zu dem Treffen in der Hoffnung, den Surfer dort wiederzusehen. Aber Pustekuchen! Im Studierendenrat sind ausschließlich BWL-Studenten mit Pullis überm Hemd geknotet, die blau-gelbe Taschenrechner verwenden, und zottelige Neo-Achtundsechziger in abgewetzten Cordhosen. Ich habe mich so gekleidet, wie ich mir eine protestierende Intellektuelle vorstelle: Trenchcoat und schwarzer Rolli. Dazu offene, nach außen geföhnte Haare wie die APO-Ladys in den Siebzigern. Vermutlich würde die Politik-Barbie genauso aussehen. Und als Zubehör gäbe es rosa Demonstrationsschildchen und einen lustigen Wasserwerfer. Obwohl der Surfertyp nicht auf der Veranstaltung ist, lasse ich mich überreden und mache bei dem Verein mit. Ich hoffe auf revolutionäre Sit-ins und Aktionen, bei denen wir uns anketten, bis die Polizei uns wegträgt. Die meiste Zeit jedoch schmieren wir Brötchen für die Erstsemester-Frühstücke oder backen Kuchen für den Basar zum Erhalt der Bibliothek. Kuchenbacken für die Revolution! Ganz schön langweilig ... bis der bundesweite Bildungsstreik ausgerufen wird.

Endlich kommt mal jemand auf die Idee, gegen die Anwesenheitspflicht in den Bachelorstudiengängen zu protestieren. Das ist doch mal was! Es nervt tierisch, dass man nur zwei Veranstaltungen im Semester fehlen darf. Mein Lieblingskommilitone Toby und ich haben bereits unser urkundenfälscherisches Talent perfektioniert und ein gut ausgeklügeltes System entwickelt, wer für wen unterschreibt. Dabei kriegen wir uns allerdings ständig in die Wolle, wer von uns beiden zu müde ist, um ins Seminar zu gehen, und wer wem dafür ein Eis ausgibt.

Aber wenn die Anwesenheitslisten abgeschafft werden, umso besser! Dann können wir beide Eis essen gehen. Dafür lohnt es sich wirklich zu demonstrieren. Jetzt habe ich doch noch ein konkretes politisches Ziel. Natürlich geht es im Großen und Ganzen um Missstände in der Bildung und den Bologna-Prozess, aber die Namenslisten sind mein persönlicher Feind. Wir sammeln Unterschriften, kleben illegal Plakate und helfen beim

Generalstreik, dem alle Studenten gerne nachkommen. Leider kommt nur knapp die Hälfte zu unserer Kundgebung. Mit einer Flüstertüte bewaffnet, stehe ich auf der Treppe des Hauptgebäudes und soll Parolen rufen: »Geld für Bildung statt für Banken!« Da entdecke ich in der Menge, ganz hinten, einen hellen Lockenkopf. Der Surfer-Typ läuft gerade vorbei. Verdammt, gleich ist er weg. Jetzt oder nie! Denk an die Kundgebung in *Forrest Gump*.

»Hey, Surfertyp!«, rufe ich durchs Megaphon. Seltsamerweise fühlt er sich sofort angesprochen und bleibt stehen.

»Hast du Lust auf 'nen Kaffee?«, frage ich mutig. Doch seine Antwort kann ich nicht verstehen. Anstatt zu applaudieren wie im Film, buhen mich die protestwilligen Bildungsstreikler aus, weil ich das öffentliche Forum für private Zwecke nutze. Ich drücke das Megaphon einem BWL-Muttersöhnchen in die Hand und verlasse gesenkten Hauptes die Treppe.

Mit dem Surfer treffe ich mich dann tatsächlich in der Mensa auf einen Kaffee. Unglücklicherweise spricht er die ganze Zeit nur von sich selbst. Es stellt sich heraus, dass er lediglich im Internet surft und ansonsten sehr verliebt in seine Haare ist. Bei unserem Gespräch spielt er mehr damit herum als ein Mädchen. Mist. Und dafür habe ich meine politische Karriere in den Sand gesetzt.

# Starbucks-Neurose

○○○○○○○○○

I ch gebe es zu. Ich bin süchtig. Und das Gemeine ist, dass meine Droge überhaupt nicht illegal ist. Im Gegenteil. Sie ist frei verkäuflich. Ich brauche weder Beschaffungskriminalität, noch muss ich in dreckigen Hinterhöfen Haarnetz tragende, guatemaltekische Dealer treffen. Meine Droge heißt Koffein. Am liebsten in Form einer Grande Vanilla Latte to go. Erfahrene Junkies werden den Slang bereits erkannt haben. Der Dealer, der mich süchtig gemacht hat, heißt Starbucks, benannt nach dem ersten Maat in Melvilles Roman *Moby Dick*. Und so fanatisch wie Kapitän Ahab den weißen Wal jagt, renne ich meiner täglichen Dosis Lifestyle-Kaffee hinterher. Es ist wie eine fixe Idee, die sich irgendwann in das kollektive Gedächtnis eingebrannt hat.

Die Einladung zum Kaffee ist wie bei dem Surfertypen meist der erste Schritt zu einem Date. Da Kaffeetrinken nicht so lange dauert wie ein Abendessen, hat man hier die Möglichkeit, seinen Espresso runterzustürzen und sich bereits nach wenigen Minuten galant zu verabschieden. Sogar ohne den obligatorischen Rettungsanruf der besten Freundin: »Wie, Susanne? Du bist vom Rasenmäher angefallen worden? Ich komme natürlich sofort!«

»Ich brauch erst mal 'nen Kaffee«, sagt man, wenn man verschlafen hat und zu spät zur Arbeit kommt. Eigentlich eine Frechheit. Eine Entschuldigung wäre angebrachter. Aber das K-Wort schafft Verständnis.

»Sprechen Sie Frau Sowieso bloß nicht an, bevor sie ihren Kaffee hatte.« In diesem Fall schützt einen die Droge oder besser gesagt der Verzicht darauf sogar vor ungebetenen Bittstellern. In amerikanischen Thrillern gibt es immer coole Polizisten, die einen »gottverdammten Kaffee« am Tatort schlürfen. Und nichts wird so sehr mit einem unterwürfigen Praktikanten assoziiert wie die Tätigkeit des Kaffeekochens. Oder aber auch des Kaffeebesorgens, womit wir wieder bei Starbucks wären.

Nachdem die Schweden mit H&M und Ikea bereits unseren Kleidungsstil und unsere Einrichtung vereinheitlichten (Mal ehrlich, gibt es irgendjemanden zwischen 20 und 40, der kein Billy-Regal besitzt?), haben nun die Amerikaner Berlin erneut besetzt. Nach Kaugummi und Rosinen bomben sie uns heute mit Koffein zu. Die US-Regierung plant wahrscheinlich, unsere Molekularstruktur zu normieren. Du bist, was du isst beziehungsweise was du trinkst. Millionen Menschen rund um den Globus schütten täglich Starbucks-Aromen in sich rein und bestellen unisono ihre fettfreien Frappuccinos mit Karameltopping. Dabei saugen wir den amerikanischen Lebensstil buchstäblich in uns auf und bauen unsere Zellen aus Starbucks-Elementen zusammen. Irgendwann sind wir alle Sklaven des amerikanischen Kaffees. In Berlin befindet sich mittlerweile an jeder Ecke einer dieser Coffeeshops. Ich weiß nicht, wie oft ich mich mit Freunden vorm Starbucks in der Friedrichstraße verabredet habe und dann vor der falschen Filiale stand.

Aber was macht diese Kaffeekette, die nie irgendwelche Werbung macht, so erfolgreich und mich so süchtig? Kaffee gibt's ja woanders auch. Hier aber wird noch mehr verkauft. Ein warmer Platz als Schutz vor dem Regen, ein Konferenzzimmer für Besprechungen, ein Belohnungsbrownie oder ein Trostbagel und das geile Gefühl, ein Großstädter zu sein. Immer wenn ich jemanden mit einem weißen Becher bedruckt mit dem grünen

Meerjungfrauenemblem treffe, nicke ich ihm zu. Wie Trucker, die hupen, wenn sie aneinander vorbeifahren, sind wir Reisende auf dem Koffein-Highway. Ich bezweifle, dass sich Kokser oder Kiffer ebenfalls gegenseitig grüßen. Die einen sind zu sehr mit sich selbst beschäftigt und die anderen kriegen nichts mit. Der Kaffeebecher ist zu einem Statussymbol geworden. Nicht nur als unverzichtbares Accessoire einer jeden urbanen Möchte-gern-New-Yorkerin, die mit dem wiederauffüllbaren Thermos-becher, genannt Mug, in der Hand elegant aus einem Taxi steigt, sondern auch als Erkennungszeichen unter Gleichge-sinnten.

In den zwei Monaten, in denen ich Germanistik studierte, hatte ich ein Blockseminar, das mir ein komplettes Wochenende raubte. Das Thema, Grammatik im Mittelhochdeutschen, war so öde, dass ich ohne Kaffee garantiert eingeschlafen wäre. In den Pausen ging die eine Gruppe der Studenten zu Starbucks und eine andere zu Dunkin' Donuts. Es entbrannte ein wahrer Kaffeekrieg. Automatenkaffeetrinker und jene, die sich ihren Koffeinschub beim Bäcker holten, galten als Enthaltungen. Die Donut-Fraktion warf uns vor, Mainstream zu sein und wir ih-nen Ausbeuterkaffeetalismus. Keine Ahnung, ob das stimmt, aber Starbucks macht so viel Werbung für seine fair gehandel-ten Bohnen, dass dieses Argument immer zieht. Freundschaf-ten zerbrachen über der Kaffeefrage: Sag mir, was du trinkst, und ich sage dir, wer du bist.

Auch sehr gemein und bindender als jede Bonuskarte ist die Tatsache, dass ich im Starbucks persönlich angesprochen wer-de. Ja, mein Name wird sogar halbwegs liebevoll auf den Becher gekritzelt. In besagtem Seminar benutzen wir die Pappbecher anstelle von Namensschildern. Manchmal mache ich mir einen Spaß daraus, eine falsche Identität anzugeben. Heute bin ich Manuela, morgen eine Lisa, dann Özlem oder Chantalle. Mein

Kaffeedealer gibt mir damit die Möglichkeit, jemand anderes zu sein. Eine zum Islam konvertierte Deutsche oder eben eine französische Nutte. Zum Dank bemühe ich mich, Starbucksisch zu sprechen, um dem Barista das viele Nachfragen zu ersparen. Der Zitronenkuchen heißt Lemon Loaf Cake. Es gibt Daily Offerings, Chai Latte und solch abstrakte Getränke wie Fruit Frappuccinos. Der professionelle Konsument erkennt Neulinge daran, dass sie während der Bestellung auf das Schild schauen müssen. Ich brauchte zwei Jahre, um mein Lieblingsgetränk samt aller Komponenten und Variationen auswendig zu lernen. Klein heißt tall, mittel ist grande und groß heißt venti. Hoffentlich kommen die Schweden nicht auf die Idee, diese Bezeichnungen auch für Kleidung zu übernehmen, sonst sind kleine Menschen plötzlich lang und dünn, mittlere gigantisch, und Große wie ich werden vermutlich als Ventiriesen vom Mob mit Mistgabeln aus der Stadt gejagt.

Bei all dem Aufwand vergesse ich oft, dass die Becher samt ihres köstlichen Inhalts lediglich ein Wegwerfprodukt sind. So wie Fastfood. Verdammt noch mal, es ist Fastfood. Nicht nur, was die Verpackung angeht. Der New York Cheesecake enthält so viel Fett, dass man stattdessen auch in ein Stück Butter beißen könnte, von den unzähligen Sirupsorten, die ein simples Heißgetränk in eine Kalorienbombe verwandeln, ganz zu schweigen.

Nach dem Film *Supersize me* bin ich nie wieder zu McDonald's gegangen. In dem Streifen hat sich ein Typ mehrere Wochen lang nur von Fastfood ernährt und seine Gesundheit von einem Arzt checken lassen. Mich hat an dem Film nicht so sehr schockiert, wie ungesund der Fraß ist. Das ahnte ich längst. Vielmehr erschreckte mich die hinterhältige Masche der Franchisefirma, Kinder schon von klein auf an Fastfood zu gewöhnen und mit Geschenken, dem lustigen Clown und einem warmen

Familiengefühl zu belohnen. Das hat bei mir nämlich voll funktioniert. Ich fühlte mich immer sehr wohl dort. Wir feierten sogar den neunten Geburtstag meiner kleinen Schwester bei McDoof. Später, als Erwachsene, habe ich mir oft ein BigMac-Menü gegönnt, wenn ich Trost brauchte.

Bei Starbucks ist das nicht anders. Im Coffeeshop winken einem, anstelle des Clowns, afrikanische Kaffeefarmer dankbar zu, und statt des Familiengefühls verkauft die Kaffeekette ein idealisiertes Singleklischee. So nach dem Motto: Ich bin so unabhängig, ich hab nicht mal 'ne Kaffeemaschine. Nicht umsonst sehen die meisten Starbucks-Filialen gespuckt so aus wie das »Central Perk« in der Serie *Friends*. Bilder mit Freiheitsstatuen im Warhol-Print suggerieren selbst einem Einwohner von Buxtehude für die Dauer eines Kaffees, im Big Apple zu sein. Und die schwarzen Schreibtafeln, auf denen mit Kreide die »Blend of the week« beworben wird, haben die gleichen Schnörkel wie der berühmte, gelbe Bilderrahmen an der Tür der *Friends*-Figur Monica. Ich habe auch immer das Gefühl, irgendetwas extrem Kreatives oder Weltenbürgerliches tun zu müssen, während ich meine Nase in den Schaum einer dieser extragroßen Tassen stippe. Meistens lese ich im Starbucks eine ausländische Zeitung, gerne die rosa *Financial Times*, obwohl ich keine Ahnung von der Börse habe. Oder ich schreibe Tagebuch und versuche dabei, so sophisticated wie Philip Marlowe zu klingen. Meistens höre ich mich aber doch eher so an wie die FBI-Agenten in den amerikanischen Filmen: »Es war ein verregneter Montagmorgen. Der Abschaum und die Sünden der letzten Nacht wurden von der Straße gespült. Süßlicher Dampf stieg aus den Gullydeckeln, und ich brauchte meinen gottverdammten Kaffee ...«

Der überfüllte Coffeeshop in der anonymen Großstadt erweckt in mir ein heimeliges Gefühl inmitten von übergroßen Sesseln und Leinensäcken mit kolonialistischen Aufdrucken. Starbucks ist mein Spielplatz. Ein Ort der Phantasie, der mich in fremde Welten träumt. So verursacht er, neben der koffeinbedingten körperlichen, auch eine geistige Abhängigkeit. Genau wie die Wohlfühl-Familien-Atmosphäre bei McDonald's. Und es gibt sogar ein Äquivalent zu den Spielzeugen in der Juniortüte: das Merchandising. Ich habe bereits alle möglichen Fanartikel gekauft. Zum Beispiel die Sammeltassen der unterschiedlichen Städte. Ich besitze bereits New York, Paris, Köln, London und Dubai. Lediglich die Berlintasse ist mir zu langweilig. Sehr stolz bin ich auch auf meine unkaputtbare Mug. Die Thermosflasche kann man umgedreht neben seiner Geburtsurkunde in einer Tasche aufbewahren und kräftig schütteln. Es passiert nichts. Zu Weihnachten gönne ich mir ab und zu ein Pfund Bohnen der Christmas Blend, obwohl ich weder Herrin einer Kaffeemühle noch einer entsprechenden Maschine bin.

Starbucks ist nichts anderes als McDonald's für Erwachsene. Wann kommt endlich ein investigativer Enthüllungsfilm, der das aufdeckt? Wo sind die Michael Moores dieser Welt, wenn man sie braucht? Rettet mich vor der Auflösung meiner Moleküle in klebrige Kaffeearomen und der Orwellschen Zerstörung meiner Sprache. In *1984* heißt es doch, wenn es kein Wort für Revolution gibt, wie soll man dann eine anzetteln? Wenn klein nur noch tall heißt und es bald kein anderes Wort für Kaffee mehr gibt als Starbucks, wie soll ich dann jemals meine Sucht besiegen?

# GEZ

○○○○○○○○○

Ich bin krank und zwar so richtig. Ich habe Fieber, mein Husten klingt wie das Bellen einer sibirischen Straßentöle und ich bin Kettenschneuzer. Ein Tempo nach dem anderen landet im Mülleimer, den ich noch im Vollbesitz meiner körperlichen und geistigen Kräfte direkt neben der Couch postiert habe. Anstelle meines geliebten Kaffees hat mir Susanne zwei Liter Kamillentee mit Akazienhonig vorbeigebracht. Heute stehe ich nicht mehr auf.

Na gut, einmal noch. Ich habe Hunger. Die Mikrowelle macht »ping«. Mein Essen, ein Kartoffel-Brokkoli-Auflauf von Frosta, duftet herrlich. Die Sahnesoße und den Gratinkäse könnte ich mir zwar ebenso gut direkt auf die Hüften schmieren, aber was soll's. Ich brauche jetzt Kraft. Außerdem will ich sowieso bald mal wieder ins Fitnessstudio gehen. Vielleicht am Montag oder nächsten Monat. Aber ganz bestimmt noch vor der Bikinisaison. Und wenn ich's nicht schaffen sollte, gibt's immer noch Badeanzüge. In den goldenen Zwanzigern waren doch diese langärmeligen blau-weiß-gestreiften Badeklamotten en vogue. Die muss bloß einmal Sienna Miller tragen und schwupps ist's ein neuer Trend. Aber ich fürchte, den Gefallen wird sie mir nicht tun.

In eine Decke gehüllt sitze ich mit meinem warmen Mittagessen auf dem Schoß vor der Glotze. Vor drei Monaten ist mein Glascouchtisch bei dem Versuch, eine Glühbirne zu wechseln, zu

Bruch gegangen. Die Kiffer-Barbie hat ihre letzten beiden Gehälter lieber in eine neue Lederjacke investiert. Also ragen die Gebeine des ehemaligen Glastisches bereits seit einem Vierteljahr einsam in die Luft. Ich lenke mich bei einer Talkshow zum Thema »Er hat mich betrogen, und ich bin schuld« ab. Die Moderatorin Britt in ihren Cargohosen und pinkem Shirt mit Applikationen, die einer C&A-Kampagne entsprungen sein könnte, fragt gepiercte Zahntechnikerinnen und Arbeitslose in Jeanshemden mit Lederbesatz nach ihren sexuellen Abenteuern. Komischerweise sehen die Objekte der Begierde immer schlimmer aus als der eigentliche Partner. Mittlerweile weiß ja jeder, dass die Geschichten gescriptet sind. Aber man fragt sich immer wieder, wie die Redakteure es schaffen, solche Unikate ins Studio zu karren. Die armen Talkshow-Opfer bekommen dafür 50 Euro, 'ne warme Mahlzeit und haben beim nächsten Kegelvereinstreffen was zu erzählen. Selbst das Publikum in diesen Sendungen wird bezahlt. Klar, wer schaut sich das auch freiwillig an? Man muss einfach nur acht Stunden rumsitzen und auf Kommando klatschen und bekommt dafür immerhin 30 Euro bar auf die Kralle. So tut Hartz-IV-TV immerhin etwas für seine Zielgruppe.

Aber mittlerweile gibt es kaum noch Nachmittagstalkshows. Die Stange des Niveaulimbos wurde vom Dokutainment, dem würdelosen Seelenstriptease im Privatfernsehen, noch tiefer gelegt. Zu Schulzeiten habe ich nachmittags immer herrlich auf dem Sofa geschlafen, als *Hans Meiser* lief. Der Mann war sedierender als jede Schlaftablette. Allerdings hatte er eine Nebenwirkung: Ich träumte manchmal von Schönheits-OPs, strippenden Übergrößenmodels und Alien-Entführungen.

Als Britt gerade das Ergebnis des streng wissenschaftlichen Lügendetektortests verkündet, klingelt es an der Tür. In hoffnungsfroher Erwartung der scharfen Lederjacke, die ich »in der

Bucht geschossen«, also bei eBay ersteigert habe, stehe ich wieder auf. Das ist jetzt aber das letzte Mal heute. Doch statt des freundlichen Gesichts meines Lieblingspostboten steht er da.

»Mein Name ist Schneider, ich bin von der GEZ!«

Ausgerechnet heute. Haben wir Freitag, den 13., oder bin ich unter einer Leiter durchgegangen, oder warum hab ich so ein Pech? Ich guck nie ARD und ZDF. Ehrlich. Da laufen doch nur Hera-Lind-Verfilmungen und Guido Knopp. Die GEZ ist ein Verein, zu dessen Mitgliedschaft man gezwungen wird, egal, ob man will oder nicht. Ein bisschen wie früher bei den Jungpionieren oder der Hitlerjugend. Du hast keine Wahl – selbst wenn du gar keinen Fernseher hast, sondern lediglich einen Computer, der ja rein theoretisch TV-fähig sein könnte. Das ist genauso, als müsste ich jeden Monat 20 Euro für eine Brustvergrößerung berappen, die ich ja theoretisch haben könnte, weil ich ja Brüste habe. Die GEZ hat sich auch die bescheuerte Kinowerbung mit den jugendlichen Breakdancern ausgedacht, um sich Street Credibility zu verleihen. Es gibt Produkte, für die gebe ich prinzipiell kein Geld aus, nur weil ich die Werbung so furchtbar finde. Die GEZ ist eines davon.

Allerdings sieht mein GEZ-Mann überhaupt nicht wie ein Breakdancer aus, eher wie ein Frührentner mit hässlicher Krawatte und silbernem Haarkranz. Eben wie ein typischer ZDF-Zuschauer. Obwohl, vielleicht kommt die Platte ja vom vielen Headspinning, wer weiß. Er blickt mich mit kalten Augen über seine Brille hinweg an. Zum Glück habe ich den TV-Ton gemutet, weil mein Lieblingspostbote nicht hören sollte, dass ich Talkshows gucke. Von *Spiegel-TV – Die Reportage* weiß ich auch, dass ich den fremden Kerl auf keinen Fall in meine Wohnung lassen muss. Er könnte ja ein Killer sein oder Schlimmeres! Er fragt mich, ob ich einen Fernseher oder ein Radio oder ein Autoradio oder einen Computer mit Internetanschluss habe. Mir liegt auf der Zunge zu fragen: Und was ist mit Ihnen? Haben Sie Blümchensex oder Alkoholprobleme, oder wurde Ihnen schon mal ein Furunkel entfernt? Ich beschließe jedoch, nicht frech zu werden, sondern einen kühlen Kopf zu bewahren – soweit das mit 39 Grad Fieber möglich ist.

Ich könnte auf Baumumarmerökotussi machen, die sich niemals dem kapitalistischen Brainwash-Medium Fernsehen aussetzen würde, oder ich tue so, als wäre ich taubstumm. Bis jetzt habe ich noch nichts gesagt. Wenn er allerdings die Gebärdensprache beherrscht, bin ich aufgeschmissen. Und bei diesen GEZ-Agenten weiß man ja nie! Vielleicht absolvieren die ein geheimes Trainingslager, wo sie lernen, lügende Gebührenpreller am Geruch zu erkennen oder Fernsehgeräusche auf 300 Meter Entfernung mittels Schallwellen wahrzunehmen. Vielleicht habe ich hier den Sechs-Millionen-Dollar-Opa vor mir. Ich riskiere trotzdem eine schlichte Lüge.

»Nein, hab ich nicht«, sage ich mit kratziger Stimme und versuche, dabei nicht zu zucken. Denn seit Clintons Lüge über Monica Lewinsky weiß die ganze Welt, dass Augenbrauenzucken die Unwahrheit entlarvt. Dann schließe ich die Tür. Der Typ draußen wird verrückt. Er klingelt mehrmals und warnt mich vor einer Anzeige.

»Wir können das nachprüfen!«

Er schiebt mir einen Anmeldezettel unter der Tür durch, den ich sofort in den Müll werfe. Ich habe keine Lust mehr auf Britt und Brokkoliauflauf und beginne an meiner Baumumarmerrechtfertigung zu feilen. Ich werde mir einen Gummibaum zulegen und von Susanne ein paar Batikklamotten borgen, damit ich eine Verkleidung habe für seinen nächsten Besuch.

# Facebook

oooooooooo

Mindestens genauso nervig wie die GEZ und so abhängig machend wie Starbucks sind soziale Netzwerke. Früher habe ich alle Stayfriends-, Facebook-, Studi-VZ- und Lokalisten-Einladungen, die zusammen mit »Penis-Enlargement« und »Autopilot statt Hänger« in meinem Postfach landeten, als Spam gelöscht. Muss man denn rund um die Uhr mit seinen Freunden online chatten und Nachrichten austauschen? Ehrlich gesagt passiert überhaupt nicht so viel in meinem Leben, dass ich jeden Tag etwas zu berichten hätte. »Habe gerade den Müll rausgebracht« oder »Hilfe, mein Drucker streikt« empfinde ich nicht als mitteilungswürdige Meldungen. Auch verstehe ich nicht, wieso Leute Videos von niedlichen Hamstern oder von sich selbst beim Luftgitarrespielen unbedingt bei Youtube reinstellen müssen. Reicht die Sintflut von Reality-Sendungen nicht aus für Selbstdarsteller und Möchtegern-Stars? Muss jetzt Otto Normalverbraucher seine 15 Minuten Ruhm unbedingt noch virtuell einheimsen?

Ich habe mich bisher dieser Massenkultur genauso ferngehalten wie dem mit rosa Plüsch und Sonnenblumen verklärten Technokult in meiner Teeniezeit. Das Phänomen ist nämlich dasselbe: sich selbst beweihräuchern und gleichzeitig Einheitsbrei löffeln.

Doch alles ändert sich, als ich Christian kennenlerne. Es ist die House-warming-Party meiner Freundin Susanne, die vor kur-

zem in eine sanierte Altbauwohnung mit Stuck und Fischgräten-
parkett im Prenzlberg gezogen ist. Ich begreife nicht, warum sie
sich ausgerechnet diesen Szenebezirk ausgesucht hat. Offenbar
sind all ihre Nachbarn Schwaben, Sozialpädagogen oder Kreative mit Tausche-Tasche. Susanne redet sich ein, sie müsse in
derartiger Gesellschaft leben, weil sie Schauspielerin ist. Man
trinkt Bionade und Weißweinschorle, und für die ganz Ver-
rückten gibt es Latte macchiato mit Baileys. Ich versuche, den
Ich-hab-da-son-Projekt-am-Laufen-Gesprächen zwischen den
anwesenden Darstellern und Bühnenkünstlern auf Susannes
unbequemem Plastesessel zu folgen. Das Ding macht nicht nur
bei jeder falschen Bewegung Furzgeräusche, ich bin auch außer-
stande, daraus ohne fremde Hilfe wieder aufzustehen. Christian fällt mir zwischen den schauspielernden Schwaben und
schwäbischen Schauspielern erst gar nicht auf. Er ist zwar ein
wirklich gutaussehender Typ, trägt jedoch ein rosa T-Shirt und
nippt an einem Prosecco, so dass ich ihn für schwul halte. Wir
lächeln uns den ganzen Abend immer mal wieder an und wechseln hier und da, zwischen Bio-Nudelsalat und veganen Erd-
nussflocken, ein paar Worte.
Als fast alle Gäste gegangen sind, weil sie morgen früh auf ein
wichtiges Casting oder zum Morning-Yoga müssen, zwingt er
mich, Campari zu trinken. Ich kann Campari nicht ausstehen,
weil er aus Ameisenblut hergestellt wird und ich die Vorstellung von zermatschten Krabbelviechern in meinem Mund einfach widerlich finde. Dessen ungeachtet gießt er mir das rote
Gesöff in meinen jungfräulichen Prosecco und sagt: »Ex oder
Hausfrau«.
Mist! Das ist mein Codewort. Damit bringt man mich dazu,
fast alles zu trinken. Also ignoriere ich die zur Ader gelassenen
Insekten, halte die Luft an und kippe die Plörre runter. Bäh!
Pfui Teufel! Aber wenigstens habe ich klargestellt, dass ich kei-

ne langweilige Hausfrau bin. Aus gegebenem Anlass unterhalten wir uns über weitere Lebensmittelmythen. Zum Beispiel, dass Lakritze aus Pferdeblut gemacht wird und Schweinsohren einst aus echten hergestellt wurden. Seine Faszination für tote Tiere lässt mich daran zweifeln, ob er wirklich so rosa ist wie sein Shirt. Irgendwie kommen wir auf das Thema Christopher Street Day, und da er nicht weiß, ob es mal einen Typen namens Christopher Street gegeben hat oder nur eine Straße so heißt, bin ich mir ziemlich sicher, dass ich einem amüsanten, sexy Hetero-Mann begegnet bin. Später sollte sich übrigens herausstellen, dass sein T-Shirt ursprünglich weiß gewesen ist. Christians Mitbewohner Orhan hatte es zusammen mit der türkischen Flagge gewaschen.

Ich beginne, Christian sehr zu mögen. Er scheint einer der wenigen Menschen zu sein, in deren Gegenwart ich mich selbst mag. Ich habe nicht das Gefühl wie bei anderen Flirts, ein übertriebenes Interesse für Mountainbikes, die *Toten Hosen* oder ungarische Volkstänze heucheln zu müssen. Ich bin so, wie ich bin. Meine ganzen Kiffer-Barbie-Attitüden sind verflogen. Ich bin weder tolpatschig und bekippe mir mein Kleid mit Campari, noch ziehe ich mir zwanghaft alle fünf Minuten den Lippenstift nach. Es ist sprichwörtlich so, als würden wir uns schon ewig kennen. Ich erzähle ihm, einem Wildfremden, von meinen Minderwertigkeitskomplexen, dass meine Mutter mir als Kind das Gefühl gegeben hat, nicht zu genügen, nicht hübsch genug, klug genug oder fleißig genug zu sein. Meine Mutter ist eine wahre Powerfrau mit eigener Firma, einer super Figur und tausend Freunden. Gegen sie kommt wahrscheinlich niemand an. Christian vertraut mir ebenfalls. Er erzählt mir vom Tod seines Vaters und wie traurig er war, dass er sich nicht mehr von ihm verabschieden konnte. Und das zwischen Prosecco und Latte macchiato auf einer Künstlerparty! Alle anderen Gespräche kreisen um Castings, PR-Agenturen und die perfekte Sonnen-brille. Als wir uns das erste Mal berühren, bekomme ich wort-wörtlich einen Stromschlag. Planeten kollidieren in diesem Mo-ment. Vermutlich hätten wir noch am selben Abend ein Feuer kosmischen Ausmaßes entfacht, hätte der besoffene Orhan uns nicht von Wolke sieben runtergeholt. Er hat nämlich panische Angst vor Susannes ironisch gemeintem David-Hasselhoff-Pappaufsteller und versteckt sich in der Badewanne. Christian muss ihn dringend nach Hause bringen oder vielleicht in eine Ausnüchterungszelle. Im Gehen ruft er mir zu: »Du findest mich auf Facebook!«

Da gerät meine Welt ins Wanken. Ich wollte mich doch niemals diesem Volkskult anschließen. Aber ich muss ihn wiedersehen, und ich habe keine Lust, Susanne nach seiner Telefonnummer zu fragen. Sie würde mir sonst wieder die Karten legen und un-sere beiden Namen numerologisch zu einer Schicksalszahl ver-rechnen. Mein Schicksal mit Christian will ich aber lieber selbst in die Hand nehmen. Also setze ich mich am nächsten Mittag tapfer an meinen Laptop und erstelle mir einen Facebook-Account. Nur mein Name, damit er mich findet und wir dann normale E-Mails wie zivilisierte Menschen austauschen kön-nen, denke ich. Als ich aber auf Christians Profil sehe, dass er 569 Freunde hat und mit unzähligen Fotos und Videos verlinkt ist, bekomme ich schon wieder Minderwertigkeitskomplexe. Bei mir steht bei Freunden: null. Bei Interessen: keine. Und an-stelle meines Fotos ist da ein anonymes Schattengesicht, bei dem man nicht einmal das Geschlecht erkennen kann.

Über Christian erfahre ich, dass er gerade mit seinem Architekturstudium fertig ist, sein Sternzeichen Löwe ist und er eine Schwester hat, die in Stockholm wohnt. Sein Lieblings-essen sind Maultaschen (Mist, doch ein Schwabe!). Letzten Sommer war er auf Korfu tauchen mit einer brünetten Schönheit, und er guckt gerne die *Simpsons* und die *Tagesschau*. Außerdem hat er im Internetgame *Farmville* das Goldene Ribbon gewonnen. Was immer das bedeutet. Das sind mehr Informationen, als ein Privatdetektiv je herausgefunden hätte.

Datenschützer warnen vor Facebook. Man macht sich nackig vor der ganzen Welt. Und wer will schon, dass der potenzielle Arbeitgeber die Fotos von der nächtlichen Sauforgie sieht oder die lieben Kollegen über einen Mitschnitt des Bauchtanzkurses in Izmir lachen. Andererseits kann Christian über mich herausfinden, dass ich weder Freunde noch Interessen habe und auf Bildern geschlechtslos wirke. Das kann ich unmöglich so stehen lassen. Als Erstes durchforste ich meine Eigenen Dateien nach einem Urlaubsfoto, auf dem ich unangestrengt umwerfend und gleichzeitig unbemüht lässig aussehe. Eins hab ich gefunden, und zwar vom letzten Fasching, verkleidet als Saloon-Girl. Das finde ich dann doch zu freizügig. Ich rufe Susanne an und frage sie, ob sie noch ein paar Bilder von unserem Spanienurlaub hat. Letztes Jahr habe ich mich doch tatsächlich breitschlagen lassen, mit ihr den Jakobsweg langzupilgern. Susanne hatte das Buch von Paulo Coelho gelesen und war nicht mehr zu bremsen. Sie ist sehr leicht zu begeistern. Als sie *Herr der Ringe* durchhatte, sprach sie nur noch elbisch, und nach *Das Tagebuch der Anne Frank* richtete sie sich ein geheimes Zimmer hinter dem Bücherregal ein.

In Spanien schlief ich mit durchschnittlich 40 schnarchenden Menschen in Betten, die schon Tausende vor mir bepilgert hatten. Spanische Mücken veranstalteten ein Flat-Rate-Saufen auf meinem Oberschenkel, und der Geruch von 2000 Jahren Religion verschmolz mit den Ausdünstungen der ungewaschenen Sinnsuchenden. Wir legten knapp 250 Kilometer in drei Wochen zu Fuß zurück. Und es war wirklich reinigend. Anfangs hatte ich Tausende Ideen auf der Route: Ich will Modedesign studieren, ein Kinderbuch schreiben, nie wieder Schokolade essen, herausfinden, wie meine Urahnen lebten, nach Paris ziehen, endlich die dicken Klassiker lesen, die nur zur Zierde in meinem pseudo-antiken Holzregal stehen ...

Als wir in Santiago de Compostela ankamen, dachte ich jedoch gar nichts mehr. Meine Gedankenflut war einem Vakuum gewichen, und ich spürte eine Ruhe wie niemals zuvor. Das viele Laufen hatte außerdem den Vorteil, dass ich bei unserer Rückkehr so schlank und drahtig war wie eine russische Ballerina. Leider konnte ich das überhaupt nicht genießen, da ich mich in meinem seligen Zustand nicht mit solchen Trivialitäten abgab.

Susanne schickt mir einige Bilder per E-Mail, und ich überarbeite sie sofort mit Photoshop: Pickelchen weg, Kontraste hoch und den Kopf vom Karnevalsfoto auf den Pilgerkörper – so kann ich mich sehen lassen. Christian hat mich zwar schon live gesehen, aber nur in schmeichelndem Lavalampenlicht, und wer weiß, ob nicht der Campari seine Wahrnehmung beeinflusst hat. Unter Interessen trage ich lauter Hobbys ein, die ich gerne hätte: Kickboxen, Eiskunstlauf, Ostasienreisen, Chopin. Mein kultivierter, vielseitig interessierter Avatar ist geboren. Jetzt fehlen bloß noch ein paar Freunde. Ich lasse Facebook auf mein E-Mail-Konto zugreifen und nach Namen suchen. Und siehe da: Plötzlich tauchen alle möglichen Exkollegen, Exfreunde und Exmitschüler auf, die ich jahrelang erfolgreich verdrängt habe. Egal. Ich brauche offizielle Online-Freunde, wenn ich auf Christian Eindruck machen will. Also schicke ich sogar eine Freundschaftsanfrage an den Computernerd mit den Aschenbechergläsern, der mir in der zehnten Klasse mal Excel erklärt hat, und an das Mädchen, das während der gesamten Grundschulzeit immer ein und denselben rosa Pferdepullover trug. Sie ist jetzt verheiratet, hat zweieinhalb Kinder und trägt immer noch Pullis mit Tiermotiven – zumindest auf ihren Fotos.

Der Computerfreak hat sich mittlerweile die Augen lasern lassen und sieht gar nicht mal so übel aus. Er wohnt in Greater London und ist Manager einer Softwarefirma. Er lädt mich sogar ein, ihn zu besuchen, aber seine Faszination von der Zahl 23 und den Illuminaten schreckt mich ab. Entsetzt muss ich feststellen, dass fast alle Mädels aus meiner ehemaligen Klasse die Namen ihrer Ehemänner angenommen haben. Selbst die Kampfemanze mit dem Aufkleber »Ich bremse auch für Männer« auf ihrem Moped, von der alle dachten, sie sei lesbisch, hat ihren wunderschönen Nachnamen Calendula in Kritzschke geändert. Das kommt doch einer linguistischen Vergewaltigung gleich.

Richtig spannend sind die aufgefrischten Kontakte zu ehemaligen Liebschaften. Ich habe Ronny, Alex und Marcus noch als die 16- bis 19-Jährigen, hageren, pubertierenden Bübchen in Erinnerung und muss nun feststellen, dass Ronny Ziehvater einer neunjährigen Tochter ist, der Spargeltarzan Alex etwa 30 Kilo zugenommen hat und Marcus' schöne schwarze Locken einer hohen Stirn gewichen sind. Ich ertappe mich dabei, wie ich bis spät in die Nacht Weißt-du-noch-damals-Mails mit Ronny austausche. Irgendwann mache ich eine Flasche Chianti auf, und wir stellen um auf Chatmodus. Es ist fast wie ein romantisches Dinner, nur anonymer und dadurch irgendwie entspannter. Immerhin sind wir als Teenager drei Jahre zusammen gewesen, und er teilt Erlebnisse und Erfahrungen mit mir, die längst in den Gewölben meines Unterbewusstseins einbalsamiert und mit Grabbeigaben bestattet liegen. Dieses mehrstündige Gespräch ist wohltuender als jede Therapie, die ich je abgebrochen habe, und wir überlegen schon, uns mal wieder in persona zu treffen, als plötzlich ein neues Chatfenster aufpoppt: Christian.

Er ist die gesamte Datenautobahn abgefahren, um mich zu suchen, und ich hänge an einer Raststätte rum, blättere im »Gesichtsbuch« und flirte mit anderen Männern. Ich habe Schuldgefühle. Schließlich ist Christian ja der eigentliche Grund für mein Cyber-Ich. Unser wunderschönes Gespräch hat mich doch dazu gebracht, meine Prinzipien über Bord zu werfen und mich Hals über Kopf in den Online-Ozean zu stürzen. Was macht Facebook nur aus mir? Bin ich auch bereits selbstsüchtig wie all die armen Internet-User mit Quadrataugen, die tausend »Freunde« auf der ganzen Welt haben, aber keinen einzigen echten, der ihnen eine real existierende Hühnersuppe oder eben Akazienhonig-Kamillentee bringt, wenn sie krank sind?

Christian ist begeistert davon, dass ich kickboxe, und schlägt vor, mal gemeinsam trainieren zu gehen. Dann könnte ich ihn genauso umhauen wie bei unserer ersten Begegnung. Keine zwölf Stunden später melde ich mich bei einem Kickboxkurs an, um die leeren Versprechungen meiner künstlichen Persönlichkeit mit Leben zu füllen. Und Kickboxen macht richtig Spaß. Ich stelle mir immer meinen Kifferexfreund Frank oder meinen nervigen Reisebürochef vor, während ich den Sandsack mit meiner mörderischen rechten Geraden malträtiere. Und meine bisher hähnchenflügelartigen Gummiarme nehmen langsam Gestalt an.

Christian schickt mir auf Facebook oft Drinks-Anfragen und postet nette Komplimente auf meiner Pinnwand. Wir werden uns auch bald im wahren Leben wiedertreffen. Ein Flirt von Angesicht zu Angesicht ist so viel schöner als Smileys, Zwinckerchen und LOL-Abkürzungen. Bei den meisten Bekannten bleibt es bei der ersten Und-was-machst-du-so-Mail, aber mit einigen habe ich jetzt wieder regelmäßig Kontakt. Vor allem mit Isabel, meiner besten Freundin aus der Kindheit, spreche ich jetzt so viel wie seit langem nicht mehr. Unsere Freundschaft war nach der Schulzeit geparkt und beschränkte sich auf Weihnachtspostkarten und ein kleines Geschenk zur Geburt ihres Sohnes. Dank Facebook tauschen wir uns heute wieder über alltägliche Ärgerlichkeiten und die mittwöchlichen Frauenserien aus, genau wie früher im Biounterricht. Und auch meine russische Brieffreundin Swetlana hat mich gefunden. Da hab ich mich echt gefreut und ihr 20 Jahre später für das Tüllhaargummi gedankt. Spasiba!

Ich habe mittlerweile 216 Freunde bei Facebook, 178 bei StudiVZ und 21 Follower bei Twitter. Ich poste hin und wieder meinen Status, versuche aber, so sinnfreie Statements wie »Checked in @ Bahnhof Alexanderplatz« zu vermeiden. Ich spiele sogar manchmal *Farmville,* und, ich geb's zu, einmal hab ich ein selbst zusammengeschnittenes Video von Kermit, dem Frosch, auf Youtube gestellt. Außerdem hab ich den Tick entwickelt, auf alle möglichen Fragen auch in der Realität mit »Gefällt mir« zu antworten.

Ich bin auch nicht besser als die geltungsbedürftigen Cyber-Nudisten, über die ich mich immer lustig gemacht habe. Zur Strafe hat sich die Anzahl meiner Spams verdreifacht, und merkwürdigerweise bekomme ich neben den üblichen Viagra-Werbungen auch Angebote für Ostasienreisen, Chopin-CD-Editionen und Schlittschuhe. Vielleicht haben die Datenschützer doch recht.

Ich nehme mir vor, meine Internetzeit zu beschränken und zum Freundetreffen wieder öfter das Haus zu verlassen. Jetzt rufe ich erst mal Susanne an und sage ihr für diesen Meditations-Workshop zu. Ich schlafe zwar immer dabei ein, aber wenigstens kommentiert niemand schriftlich meinen Status.

# Ohrwurm

○○○○○○○○○

Hab einen Ohrwurm von *Love me tender.* Christian, Toby und 14 anderen gefällt das. Jeder kennt ihn, den Song, der einem nicht mehr aus dem Kopf geht. Man summt ihn auf dem Weg zum Bus, während man die Fernbedienung sucht, die Katze füttert und manchmal auch beim Sex. Letzteres ist vielleicht nicht sehr höflich, aber die Gedanken sind ja frei. Und da Sex bekanntlich im Kopf beginnt, darf Frau sich doch gelegentlich den eigenen Soundtrack dazu denken. Kleiner Tipp: Beim Sex nur darauf achten, nicht laut mitzusingen. Sonst wundert sich der Lover vielleicht, wie man in dieser Situation auf *Little by little* kommt.

Oft bleibt das letzte Lied im Kopf stecken, das morgens im Radio lief, bevor man aus dem Haus ging. Aber das ist nicht immer so. Von Zeit zu Zeit habe ich Ohrwürmer von Songs, die ich seit Jahren nicht gehört habe. Und da frage ich mich doch, woher kommen die so plötzlich? Warum ist es ausgerechnet dieses bestimmte Lied, ja sogar diese eine Zeile, die im Dauer-Loop in meinem Gehirn gedudelt wird? Will mir mein Unterbewusstsein vielleicht irgendetwas damit sagen? Stecken geheime Botschaften in den Ohrwürmern? Um das herauszufinden, beschließe ich, einmal einen ganzen Tag lang auf die Stimmen in meinem Kopf zu hören.

Eines schönen Vormittags klingelt der hübsche Italiener Alessandro aus der WG über mir an meiner Tür.

»Ciao. Da iste eine Briefe füre diche gekommene. Falsche ein-geworfene«, sagt er in seinem unvergleichlichen Akzent, der nach italienischem Eis und Sandstrand schmeckt – also nach Eis und Sand getrennt voneinander.

»Danke.« Ich lächele mein schönstes Lächeln und bin heilfroh, diese sauteure und extrem schmerzhafte Zwei-Wochen-Zahn-aufhellungskur gemacht zu haben. Ich fühle, dass ich einfach umwerfend aussehe. (Später erst stelle ich fest, dass noch immer das Anti-Mitesser-Pflaster auf meinem Nasenrücken klebt.) So-fort dröhnt ein italienisches Lied in meinem Innenohr: *Bello, bello impossibile.* Wären wir jetzt in einer Proseccowerbung, würde er mich an sich ziehen und leidenschaftlich küssen. Wir könnten auf seiner Vespa in den Sonnenuntergang fahren und in Zeitlupe Raffaelo essen. Aber er sagt nur »Gerne geschehe-ne« und wackelt in seiner etwas zu tief sitzenden Jeans davon. Wahrscheinlich hat ihn mein Mitesserpflaster verschreckt. In Ermangelung tiefer gehender Italienischkenntnisse leiert mein innerer Ghettoblaster *Ti amo* von Howard Carpendale runter, während ich Alessandro nachsehe. Als der südafrikanische Schlagersänger jedoch »… heißt doch, isch lieb disch so« nu-schelt, drücke ich auf die Stopp-Taste. Tut mir leid, lieber Ohr-wurm. Das geht zu weit.

Der Brief, den »mein kleiner Italiener« – stopp, ich hab gesagt, alles außer Schlager – mir brachte, ist leider weniger erfreulich als der Anblick von Alessandros Hintern. Ein unpersönliches Schreiben der Stadtwerke, gedruckt auf kotz-grauem Recycling-papier. Die verlangen eine absurd hohe Abschlagszahlung. Mist, ich hätte wohl doch nicht die Wohnung mit Hilfe des Backofens heizen und das Schaumbad mit dem Wasserkocher warm machen dürfen.

»Money, money, money, it's so funny, in a rich man's world«, trällern die Abba-Frauen 16-stimmig in meinem Gehörgang.

Ha, ha, sehr witzig! Ich muss die schwedische Popgruppe zum Schweigen bringen und beschließe, entgegen meiner Gewohnheit, alle Rechnungen auf einem Stapel zu sammeln und zu hoffen, dass sie sich von selbst kompostieren, mich dem Übel anzunehmen. Ich öffne widerwillig mein Online-Konto. Die Heizkostenforderung lässt zwar mein Guthaben auf 56,32 Euro schrumpfen, aber es sind nur noch vier Tage bis zum Ende des Monats, und ich habe gerade erst eingekauft. Das werde ich schon schaffen. »Freedom!« George Michael feiert mit allen Supermodels eine Ohrwurmparty in meinem Kopf, und ich gehe beschwingt und erleichtert aus dem Haus. Ja, ich bin wirklich frei. Frei von Mahnungen und der Peinlichkeit, meine Eltern oder meinen Opa, den ich nur einmal im Jahr sehe, weil er mich mit seinen Nazi-Geschichten in Verlegenheit bringt, um Geld anzubetteln. Mit George Michael im Ohr tanze ich zur U-Bahn. Zwei Müllmänner, die mir entgegenkommen, lachen und machen mich nach, deshalb setze ich mir die Stöpsel meines iPods ein, ohne jedoch die Musik anzuschalten. Yeah! Wer braucht schon Dosenmucke, wenn er einen Ohrwurm hat?

Auf dem Weg zur Uni komme ich an meinem Lieblingsschuhladen vorbei, und es gibt Sonderangebote. Verdammt! Es ist mal wieder Pre-Summer-Sale oder After-Season-Sale oder welchen Grund auch immer sich der Einzelhandel ausdenkt, um riesige Prozente in die Schaufenster zu kleben. Hypnotisiert bleibe ich vor dem Geschäft stehen und lege den Kopf schief wie ein Pinscher, der um eine Wurst bettelt.

»You can't always get what you want!«, feixen die Stones in meiner internen Jukebox. Ach menno, wieso denn nicht? Es ist doch so wahnsinnig wichtig, die richtigen Schuhe zu tragen. Sie können ein Outfit retten oder zerstören. Eine Frau fühlt sich mit der richtigen Fußbekleidung entweder stark oder wie eine graue Kirchenmaus. Weiß das Mick Jagger denn nicht? »You

can't always get what you want«, wiederholt dieser unmiss-
verständlich seine These, und ich hätte auch fast auf ihn gehört
und wäre zur Uni gegangen, wenn mein Ohrwürmchen nicht
weitergesungen hätte: »But if you try sometimes, you just
might find, you get what you need.«

Das ist die Lösung! Ich *brauche* diese roten Riemchensandalen
mit Keilabsatz wirklich dringend. Viel dringender als solche
Lappalien wie Strom oder Nahrung. Wozu gibt es Kerzen?
Und auf Diät bin ich sowieso seit 1999. Also folge ich dem
Kaufdrang und überziehe mein Girokonto. 15 Minuten nach
der akademischen Viertelstunde erreiche ich die Vorlesung und
muss mangels Plätzen auf der Treppe sitzen. Um dem Professor
nicht zu viel Einblick zu gewähren, knicke ich in meinem kurzen Kleid die Beine seitlich ab, wie Grace Kelly, wenn sie aus
einem Cabrio steigt. Ich bekomme zwar überhaupt nichts mit
von der Zeichentheorie nach Roman Jakobson, bin aber über-
glücklich, diese roten Zauberschuhe in der geschmackvollen
Geschenktüte neben mir stehen zu haben. Ich wippe zu *Shiny
happy people* von R.E.M, dem fröhlichsten Lied, das ich kenne,
stumm vor mich hin und muss wirken wie auf Drogen. Kein
Wunder, dass Toby immer Kiffer-Barbie zu mir sagt. Während
der kompletten 90-minütigen Vorlesung überlege ich mir, was
ich zu den Schuhen anziehen könnte. Ich mache mir sogar
Zeichnungen von verschiedenen Outfit-Kombinationen. Auf
den Skizzen habe ich allerdings große Ähnlichkeit mit einer
russischen Matroschka. Ich kann meine modischen Wurzeln
eben nicht verleugnen.

Als ich in der nächsten Pause auf dem Weg zur Cafeteria bin,
um mit meiner Arbeitsgruppe ein wahnsinnig spannendes Re-
ferat zum Thema Gender-Mainstreaming zu besprechen,
summt mein Ohrwurm *These boots are made for walkin'* von
Nancy Sinatra. Wie bitte, mein liebes Unterbewusstsein? Du

willst, dass ich die Schuhe trage? Na gut! Ich will ja heute auf dich hören. Ich ziehe sie an, und sie sehen einfach Hammer aus. »You're beautiful, it's true«, bestätigt mein innerer James Blunt meinen Eindruck. Ich schwebe den langen Uni-Flur entlang und ignoriere den kleinen Druckschmerz an der Ferse. Die Sandalen müssen eben erst eingelaufen werden. Das ist doch immer so.

Die Referatsbesprechung ist mehr als öde. Amanda, eine fanatische Feministin mit asymmetrischer Kurzhaarfrisur, führt den Vorsitz und plant, mit diesem profanen Pflichtreferat die deutsche Sprache zu revolutionieren. Statt dem unpersönlichen »man« solle »man« doch »frau« sagen oder wenigstens »mensch«. Außerdem hängt sie an alle Substantive das weibliche Suffix »-Innen« an, also sagt sie nicht nur StudentInnen und MigrantInnen, sondern auch ReferatInnen, KaffeetassInnen und sogar KäsebrötchInnen. Das Fatale ist, sie meint das tatsächlich ernst. Amanda würde vermutlich aus Prinzip in einem in Flammen stehenden Haus verbrennen, weil sie sich von den männlichen Figuren auf den Fluchtwegbeschilderungen nicht angesprochen fühlt. »Crazy, crazy, crazy, you are crazy«, wandele ich den Aerosmith-Song leicht ab.

Im Laufe des Tages muss ich viermal das Gebäude wechseln, drei Stationen mit der U-Bahn fahren und dann eine Strecke von circa anderthalb Kilometern zur Bibliothek laufen, um mir diese Roman-Jakobson-Texte zu besorgen, bei denen ich in der Vorlesung meinen Designträumen nachgehangen bin. Die Riemchen meiner roten Schuhe schneiden sich simultan in meine Fersen und drücken seitlich am großen Zeh. Nach wenigen Stunden habe ich brennende Blasen und einen blutenden Schnitt am Hacken. »The first cut is the deepest«, macht mich Cat Stevens auf meine Wunden aufmerksam. »Baby, I know«, will ich ihm entgegnen, aber er singt ja nur in meinem Kopf.

In der Bücherei angekommen, wechsele ich wieder meine Treter. Leider schmerzen die anderen Schuhe jetzt genauso. Ich besorge mir schnell die Manuskripte und rufe ein Taxi. Den Weg zurück zur U-Bahn hätte ich auf keinen Fall geschafft.

»In einem Taxi nach Paris, nur für einen Tag«, schlägt mein Hirngedudel vor, während ich auf meine Fahrgelegenheit warte. Ich habe ja eigentlich vorgehabt, heute auf die Ohrwürmer zu hören, aber tut mir leid, mit blutigen Fersen und überzogenem Konto fahre ich bestimmt nicht nach Paris. Also, Klappe jetzt. Ich beginne, an der Ohrwurmtheorie zu zweifeln. Wahrscheinlich sind das doch alles nur Hirngespinste.

»Wo soll's denn hinjehen, jute Frau?« Der Taxifahrer hat verdächtige Ähnlichkeit mit dem Partybarden Jürgen Drews. Ich schwöre, ich habe noch nie bewusst ein Lied von diesem Berufsjugendlichen gehört, aber wenn man regelmäßig *Explosiv* und *Taff* guckt, kommt man an dem nicht vorbei, und so dudelt der Leierkasten in meinem Gehörgang »Ich bin der König von Mallorca«. Das ist ja nun total sinnlos. Ich entscheide, dem Ohrwurmchor keine weitere Beachtung zu schenken.

Ein Fußbad und drei Blasenpflaster später geht es mir etwas besser, und ich ziehe mich für mein erstes richtiges Date mit meiner Facebook-Bekanntschaft Christian an. Doch schon wieder nervt mich meine innere Stereoanlage: *Hip Teens don't wear blue jeans* vom Frank Popp Ensemble läuft im Shuffle-Modus zusammen mit *Come undone* von Robbie Williams. Ich will diese akustischen Halluzinationen übertönen und singe so laut ich kann ein Volkslied aus Kindertagen: »Im Frühtau zu Berge wir ziehn fallera«.

Erst als der Plattenladen meines Oberstübchens den Song *Dancing in the streets,* genauer gesagt die Zeile »It doesn't matter what you wear, just as long as you are there« auskramt, muss ich ihm beipflichten. Ich bin schon zehn Minuten zu spät dran und will noch nach Charlottenburg düsen. Das liegt fast schon in Brandenburg.

Christian und ich treffen uns in einem romantischen Café, und er findet es total cool, dass ich Chucks mit dicken Wollsocken trage. Bei allem anderen wären mir vermutlich die Füße abgefallen. Wir verstehen uns super. Ich klaue seine Pommes, er isst das Gemüse, das ich nicht mag, und entgegen allen Date-Empfehlungen sprechen wir über vergangene Beziehungen. Ich erzähle ihm von meinem Waldorfschüler und er, dass er sich erst vor kurzem von seiner langjährigen Freundin getrennt hat, weil sie ihn mit seinem halben Fußballverein betrogen hatte.

Als Christian mal kurz verschwindet, meldet sich Bob Marley. »Could you be loved?«, fragt er mich, und ich weiß genau, wie er das meint. Bin ich bloß eine Lückenbüßerin für Christians Ex? Kann er sich nach solch einer herben Enttäuschung überhaupt wieder auf eine Frau einlassen? »Don't let them fool ya!«, warnt mich der Rastaman. »Halt die Klappe, Bob!«, flüstere ich wie eine Schizophrene meinem imaginären Freund zu. Da kommt Christian zurück.

»Mit wem hast du da geredet?«

»Mit niemandem, ich hab nur was nachgedacht.«

»Was denn?«

»Could you be, could you be, could you be loved?«, bohrt Bob weiter.

»Na ja, ich will jetzt nicht, dass du denkst, ich bin so eine Klammertussi, die dich gleich heiraten will. Ich hab nur gedacht, wenn du gerade erst aus einer Beziehung raus bist, hast du vielleicht keine Lust, dich gleich wieder auf eine neue einzulassen.« Er sieht mich an, und ich habe das Gefühl, es vergehen Stunden. Endlich sagt er: »Wenn das so wäre, wäre ich nicht hier.« Er beugt sich über den Tisch und küsst mich, tausendmal schöner als in jeder Proseccowerbung. Er erzählt mir auch, dass ihm seine Ex heute so egal ist wie die Liebesaffären von Jürgen Drews (Christian guckt auch *Taff*) und dass er nach dem traumatischen Ereignis auf der Vereinsfeier sogar Fußball hasst. Ach, er ist einfach ein Traummann. Danke, Bob, und danke, liebe Ohrwürmer.

# Elternbesuch

○○○○○○○○○

N ach meinem ersten Date mit Christian und einer wilden
Knutscherei in seinem Auto vor meiner Haustür habe ich
mich losgerissen und bin ganz brav nach Hause gegangen, wo
ich mich wie ein anständiges Mädchen in meine frisch gewa-
schene Blümchenbettwäsche kuschele. Ich schmecke noch immer seine warmen Küsse auf meinen Lippen und schlafe mit
einem Grinsen auf selbigen ein. Ich träume, ich sei ein sexy
Bondgirl mit dem frivolen, wenn auch leicht frauenfeindlichen
Namen Pussy Deluxe. An der Seite von Robbie Williams, der
für mich der coolste James Bond seit Sean Connery wäre, ent-
schärfe ich in einem Strandhaus auf Hawaii eine piepsende
Bombe. Ich macgyvere aus den Drahtbügeln meines weißen
Monokinis eine Zange und zwicke erst das grüne, dann das rote
Kabel durch. Aber egal, welchen Draht ich auch durchtrenne,
die Bombe piepst immer weiter. Robbie Williams ist auch keine
Hilfe. Er steht hinter mir, isst Hamburger und singt *Angels* im
Duett mit Bob Marley. Schließlich zerschmettere ich die Bombe
mit einem Vorschlaghammer, aber sie piepst immer noch. Ich
öffne die Augen und stelle fest, das Piepsen kommt vom Handy
neben meinem Ohr. Ich habe es am Vorabend auf dem Kopfkissen liegen lassen, als ich Christians liebe SMS gelesen und mit
meinem Telefon gekuschelt habe.
»Danke für den schönen Abend. Hat sich alles sehr gut ange-
fühlt. Wann gibt's mehr?«

Jetzt leide ich unter einem leichten Tinnitus und einem Tastaturabdruck auf meiner linken Wange. Noch halb auf Hawaii, gehe ich ran.

»Hallo?«, kaue ich in mein Kuschelfon.

»Na, hab ich dich geweckt?« Diese Frage kann nur meine Mutter stellen. »Es ist schon zehn, musst du nicht schon längst bei der Arbeit sein?«

»Nein, ich hab heute frei«, sage ich und denke: »Wieso rufst du mich überhaupt an, wenn du glaubst, ich muss arbeiten?«

»Na ja, du brauchst deinen Schönheitsschlaf!«, flötet es am anderen Ende der Leitung.

Wieso sind Eltern immer so wahnsinnig stolz drauf, früh aufzustehen, und machen sich über ihre Murmeltierkinder lustig? Bin ich denn automatisch faul, nur weil ich meinem natürlichen Schlafbedürfnis nachgebe? Dafür arbeite ich oft bis in die Puppen oder leiste meiner Freundin Susanne bei ihrem Kneipenjob Gesellschaft, während meine Mutter schon bei der Schlussmelodie vom *Tatort* an der Matratze horcht.

»Was iss'n los?« Ich versuche, so wach wie möglich zu klingen.

»Ich hab 'ne Überraschung für dich!«

Das kann nichts Gutes heißen. Die Überraschungen meiner Mutter sind immer sehr merkwürdig. Zu meinem 25. Geburtstag »überraschte« sie mich mit dem Privileg, ab jetzt alle Versicherungen selber zahlen zu dürfen. Wow! Danke! Mein mickriges Bafög freut sich! Und das Auto, das ich zum Abitur bekommen hatte, durfte ich, Überraschung, gleich wieder für drei Monate abgeben, weil sie ihr »Baby« um einen Laternenmast gewickelt hatte und nun einen Ersatzwagen brauchte. »Es macht dir doch nichts aus?!«, hatte sie augenklimpernd gefragt. »Nein, ach wieso denn!«, hatte ich geantwortet, meinen Groll heruntergeschluckt und meinen damaligen Freund angerufen, um unseren Roadtrip durch Europa mangels fahrbaren Untersatzes abzusagen.

»Und was für 'ne Überraschung?«, frage ich skeptisch.

»Wir kommen dich besuchen. In einer Stunde sind wir da. Setz schon mal Kaffee auf!« Klick.

Hat sie gerade wirklich gesagt, sie sind in einer Stunde da? Ohne zu fragen, ob ich Zeit habe oder ob mir das recht ist? Vielleicht muss ich ganz dringend zum Zahnarzt oder auf eine Kreuzfahrt, oder ich steh unter Quarantäne, weil ich mir die Schweinegrippe oder sonst eine Modekrankheit eingefangen habe. Aber keine Chance. Meine Mutter akzeptiert kein Nein als Antwort. Hat sie noch nie. »Hast du Hunger?«, fragte sie mich als Kind fast stündlich. »Nein«, antwortete ich stets. »Gut, dann koch ich dir was!«

Bei dem Nahrungsmittelkonsum während meiner Kindheit müsste ich eigentlich aussehen wie eine Mischung aus Ottfried Fischer und dem NDR-Walross. Aber ich hatte Glück. Ich wuchs in die Vertikale und spreche weder monotones Bayerisch, noch robbe ich aus irgendeinem Bassin.

Als die ersten Schrecksekunden vorbei sind, werfe ich die Bettdecke in hohem Bogen von mir, wobei sich meine Nachttischlampe klirrend verabschiedet. Egal! Das Modell »Leuchtstoffrö« bekommt man bei Ikea nachgeschmissen. Erst einmal brauche ich einen Kaffee. Nicht nur ich, meine ganze Familie ist süchtig nach der schwarzen Sünde. Wir haben das Kaffee-Gen. Ich weiß nicht, wie viele Urlaube wir früher abgebrochen haben, weil der Kaffee im Hotel angeblich nach Katzenpisse schmeckte. Ich traute mich nie zu fragen, woher meine Eltern wissen, wie Katzenpisse schmeckt, aber mein Vater hat ein paar merkwürdige Dinge getan, als er in der NVA war. Aus Trotz und jugendlicher Rebellion boykottierte ich jahrelang den Wachmacher meiner Eltern und nahm stattdessen heimlich Koffeintabletten. Das hatte so was Drogenmäßiges. Es waren die Neunziger, und Kate Moss war mein Idol! Erst als die profane Filtervariante von Milchkaffeeschaumträumen abgelöst wurde, verliebte auch ich mich in unser heimliches Nationalgetränk. Zu Hause mache ich mir nie die Mühe, Caffè Latte aufzuschäumen, sonst hätte ich ja keinen Grund mehr, zu Starbucks zu gehen. Dabei habe ich mindestens drei elektrische Schaumschläger zu Weihnachten und sonstigen Festtagen bekommen. Zwei von meiner Mutter.

Wie jede ordentliche Anti-Hausfrau besitze ich einen Wasserkocher und eine Mikrowelle. Der Herd war im Mietpreis inklusive, aber ich nutze ihn als Arbeitsplatte, um darauf Brot zu schneiden. Ich setze Wasser auf und brösele Instantkaffee in meinen Becher mit der Aufschrift »Thassos«. Thassos ist eine griechische Insel, auf der wir immerhin zwei von drei geplanten Wochen Familienurlaub aushielten – so lange, bis der deutsche Pulverkaffee alle war. (Als Kind dachte ich, dass Tasse auf Griechisch Thassos heißt.)

Da ich mich in der Menge der schwarzen Krümel wie immer verschätzt habe, ist der Kaffee zu stark. Ich kippe die Hälfte weg, gieße Wasserkocherwasser nach und trinke den Bodenseh-Kaffee auf ex.

Als ich genug Koffein im Blut habe, schmiede ich einen Plan. Uhrenvergleich! Ich habe nur noch 45 Minuten Zeit. Zuerst räume ich das dreckige Geschirr in die Spülmaschine. Ich entsinne mich sogar der vergessenen Teetasse, die seit meiner letzten Erkältung unterm Bett steht. Ach, da ist die Wärmeflasche geblieben! Als ich nach ihr greife, schneide ich mich an den Scherben von »Leuchtstoffrö«. Mist, mit Pflasterholen und Blutaufwischen verschwende ich kostbare Minuten. Dann sammele ich alle Kleidungsstücke und Handtücher von Boden, Schränken und Sofas auf und stopfe sie in meine Wäschetruhe. Die geht kaum noch zu, weil es sich dort bereits die Bettwäsche von mehreren Monaten gemütlich gemacht hat. Also nehme ich eine schwere Topfpflanze, die nur einmal pro Quartal Wasser braucht, und stelle sie zur Beschwerung obendrauf. Bücher, DVDs und was sonst noch so rumliegt, verschwindet in meinem großen Reisekoffer, den ich schon viel zu lange nicht mehr benutzt habe. Fertig! Uhrenvergleich: noch 30 Minuten!

Prima, ich liege super in der Zeit. Dann fällt mir der gestrige Spaghettiunfall wieder ein. Ich bereitete Mirácolisoße in der Mikrowelle zu und telefonierte nebenbei mit meiner alten Freundin Isabel. Ich *kann* nicht zwei Dinge auf einmal tun. Wann werde ich das jemals kapieren? Jedenfalls machte die Mirácolisoße ihrem Namen alle Ehre, denn auf wundersame Weise war sie zum Leben erwacht und hatte sich in der gesamten Mikrowelle verteilt. Das wegzuschrubben, würde sicher ewig dauern. Und ich muss auch noch staubsaugen und mir was anziehen, das meine Mutter weder eifersüchtig macht noch kritische Blicke provoziert. Dann muss ich unbedingt ins Bad, weil meine Haare morgens immer so aussehen, als sei ich eine Statistin beim Denver Clan.

Was mach ich zuerst? Besteht die Chance, dass meine Mutter nicht in die Mikrowelle schaut? Eigentlich schon. Was hat sie da zu suchen? Ich nehme ein halbwegs sauberes, kariertes Küchenhandtuch, werfe es darüber und stelle einen kitschigen Bilderrahmen mit Herzchen drauf. Da ich noch kein eigenes Bild eingesetzt habe, ziert nun die Fotografie zweier Kinder, die sich im Regen unter einem Schirm ein Küsschen geben, meine Mikrowelle. Immer noch besser als weinende Clowns. Meine Oma sammelt solche Bilder. Ihr Wohnzimmer sieht aus wie der traurigste Zirkus der Welt.

Uhrenvergleich: noch 21 Minuten! Das Staubsaugen ist in rund sechs Minuten erledigt, wenn man die fiesen Stellen unter der Couch und zwischen den Kabeln der Entertainment-Geräte ausspart. Noch 15 Minuten! Ich stürme ins Bad und kriege einen Schock. Ich hatte mir am Abend zuvor die Haare für mein Date mit Christian leicht hochtoupiert und mit einer Tonne Haarspray fixiert. Ich wollte nichts dem Zufall überlassen. Es gibt kein Zurück, ich muss das Zuckerwattegeflecht waschen. Schnell shampoonieren und ausspülen, keine Zeit für Conditioner oder Haarkur. Das merke ich, als ich das nasse Haar kämmen will. Es geht eine feste Bindung mit meiner Bürste ein, die sich in der zotteligen Masse verhakt. Die Haarbürste wieder herauszuoperieren, kostet mich wertvolle Zeit. Ich trockne mein Haupthaar mit der heißesten Stufe, die mein Föhn hergibt. Dabei versenge ich mir etwas die Kopfhaut. Es riecht nach Broiler. Noch zwei Minuten. Gleich hab ich's geschafft! Ich schlüpfe in ein unverfängliches Jeans-und-Bluse-Outfit. Die Jeans ist nicht zerrissen, also spare ich mir Sprüche wie »Ach, du armes Kind, kannst dir nicht mal 'ne gescheite Hose leisten«. Da ich die Bluse mal zusammen mit meiner Mutter gekauft habe, weiß ich, dass sie ihr gefällt. Fertig! Punkt elf Uhr! Wo sind meine Eltern?

Ich sitze in der Küche, nippe an meinem zweiten Kaffee und schaue auf die Uhr. Viertel nach elf. Soll ich doch noch die Mikrowelle schrubben? Nein, sie müssen ja jeden Moment da sein. Es wird halb zwölf, und ich gieße meinen dritten Kaffee auf. Langsam werde ich sauer, und zwar auf mich selbst. Ich hätte es wissen müssen. Meine Eltern sind nie pünktlich! Als mein Vater mich als Teenager um Mitternacht von der Disko abholen sollte, stand ich mindestens eine Dreiviertelstunde in der nächtlichen Kälte, musste besoffene Jungs abwehren und hatte Panik, in dieser Nacht nicht mehr nach Hause zu kommen.

In der ostdeutschen Provinz aufgewachsen, musste ich etwa 30 Kilometer zur nächstgelegenen Großraumdisko fahren, die von einem finsteren Mischwald umgeben war, in dem sich angeblich sogar junge Wölfe herumtrieben. Der Tanzschuppen bestand aus drei Ebenen. Oben waren die Popper, in der Mitte die Hip-Hopper und im Keller die Grufties. Ich hatte Freunde auf allen drei Niveaus. Wenn mein Vater dann endlich kam, war er »vorm Fernseher eingeschlafen« oder dachte, »dann kann sie noch etwas länger tanzen«. Klar, ich mache mir in der Disse 'nen Bunten und lass meine elterliche Mitfahrgelegenheit draußen warten. Das sieht mir ähnlich! Aber ich schwieg und erwähnte weder die besoffenen Jungs noch die pubertierenden Wölfe.

Als es kurz vor eins ist, rufe ich meine Mutter auf ihrem Handy an.
»Wir fahren gleich von der Autobahn runter«, meldet sie sich. Kein Hallo, keine Entschuldigung.
»Aber ich dachte, ihr wolltet um elf hier sein?«
»Wir haben uns Zeit gelassen, du hast dich vorhin so verschlafen angehört.«
Ich lege auf und hätte große Lust, irgendwas zu zerschmettern, das keine Scherben macht. 20 nach eins klingelt es schließlich an der Tür. Meine Mutter spurtet die Treppe rauf, küsst mir ein kurzes »Hallo« auf die Wange und läuft an mir vorbei ins Bad. Mein Vater schnauft ihr hinterher mit einem Korb in der Hand. O nein, sie haben es schon wieder getan! Ich weiß nicht, wie oft ich meinen Eltern schon gesagt habe, dass sie mir keine Nahrungsmittel mitbringen sollen. Die Berlinblockade wurde vor über 60 Jahren aufgelöst!
Im Korb sind weiß angelaufene Halloren-Kugeln, Marmelade von Oma und Mischpilze. »Selbst gesammelt.« Ich hasse Mischpilze.
»Danke Papa, willst du Kaffee?«
»Nee lass mal, wir waren unterwegs noch bei McDonald's.« Na toll, ich laufe beim Aufräumen zu olympischer Bestzeit auf,

und die ziehen Fastfood-Kaffee meiner selbst aufgegossenen Instantbrühe vor. Inzwischen ist meine Mutter aus dem Bad zurück.

»Deinen Spiegel könntest du aber auch mal wieder putzen«, wirft sie mir vor, bevor sie das Pflaster an meiner Hand entdeckt. »Was ist denn passiert?«

»Meine Lampe ist kaputtgegangen, und ich hab mich an den Scherben geschnitten.«

»Oh, Miss Geschicklichkeit hat wieder zugeschlagen.« Kein Mitleid, kein Bedauern. »Und? Kaffee schon fertig?« Sie schaut mich erwartungsvoll an und wippt mit dem Kopf von einer Seite zur anderen wie eine amerikanische Rapperin.

»Papa hat gesagt, ihr hattet schon einen«, stammele ich.

»Ach Quatsch, ein Käffchen geht doch immer.«

Mein Vater hat sich inzwischen im Wohnzimmer auf die Couch gesetzt und die Arme verschränkt. Dabei schiebt er die Handflächen unter die Achseln und lässt nur die Daumen rausgucken. Das sieht sehr merkwürdig aus, aber es entspannt ihn. Meine Mutter hilft mir, meine vierte und ihre fünfte Tasse Kaffee zuzubereiten, und wir reden über meine kleine Schwester.

»Hast du mal wieder mit Caro telefoniert?«, fragt meine Mutter in diesem Ich-mach-mir-wirklich-Sorgen-Ton. »Sie ist immer noch mit dem komischen Typen zusammen. Der ist nicht gut für sie. Kannst du nicht mal mit ihr reden? Auf mich hört sie ja nicht.«

»Das hat doch keinen Zweck«, ruft mein Vater resigniert aus dem Wohnzimmer. »Auf uns hört doch sowieso keiner mehr!«

»Jetzt sei doch nicht immer so negativ!«, keift meine Mutter zurück. »Ich versuche unsere große Tochter gerade davon zu überzeugen, dass sie Caro mal ins Gewissen redet.«

Mein Vater winkt still ab. Er hat es längst aufgegeben, mit ihr zu streiten.

»Am besten du erzählst ihr von deinen Erfahrungen mit diesem drogenabhängigen Frank.«

»Der war nicht drogenabhängig, sondern bloß Kiffer. Du tust ja, als hätte er Babys an der Decke krabbeln sehen.«

»Wie auch immer. Der hatte dich überhaupt nich verdient. Weißt du noch, wie fertig du warst, als er dich immer versetzt hat?«

»Nein, das hatte ich verdrängt, aber danke, dass du mich daran erinnerst.«

»Jetzt sei doch nicht gleich wieder eingeschnappt. Es geht doch um Caro!« Klar geht's um Caro. Es geht immer um Caro. Ich liebe meine kleine Schwester, aber sie wird total überbehütet, weil sie als Kind Asthma hatte. Wenn ich mir früher weh tat und weinte, hieß es: »Stell dich nicht so an!«, aber Caro wurde bei jedem Kratzer ins Krankenhaus gefahren.

»Ich finde, sie hat ein Recht auf ihre eigenen Fehler«, sage ich. Jetzt ist meine Mutter beleidigt. »Ja, ja, schon gut.« Sie spricht beim Einatmen. Ihr Mund wird zu einem Strich. »Ich mach mir halt Sorgen.« Dramatische Pause. »Und wie geht's *dir* so?«, fragt sie. Sie überspielt ihren Ärger sehr schlecht. Ihre Ironie tut weh.

»Alles super!«, lüge ich. Hier ist kein Platz für noch mehr negative Emotionen. Wir gehen ins Wohnzimmer.

»Du bist die Einzige, auf die wir uns immer verlassen können«, tönt mein Vater. Ich weiß nicht, ob ich lachen oder heulen soll. Also wechsle ich das Thema.

»Was machen denn die Hunde?«

Meine Eltern haben einen Dackel namens Herkules und einen Rottweiler namens Rudi. Mein Vater starrt an die Decke. Seine Stimme klingt kehlig: »Ach frag nich'. Dem Rudi geht's nicht gut. Der hat überall Tumore. Muss wohl bald eingeschläfert werden. Der macht's nicht mehr lange.«

Mist, falsches Thema. Ich starte einen neuen Versuch.

»Und? Bei der Arbeit?«

Meine Mutter atmet tief und laut ein und aus.

»Na ja«, sagt sie schwermütig. »Muss ja.«

Wir schweigen einen Moment. Ich hab keine Ahnung, wie ich die Stimmung auflockern soll. Also setze ich mich zwischen die beiden aufs Sofa und nehme sie in den Arm. Meine Mama beginnt zu weinen. Ich weiß zwar nicht, was los ist, aber ich muss auch weinen. Selbst mein Vater bekommt rote Augen.

»Ist irgendwas passiert?« Ich habe plötzlich Angst, dass sie sich scheiden lassen oder einer von beiden schwer krank ist.

»Wir haben dich einfach nur vermisst«, sagt mein Vater und meine Mutter fügt hinzu: »Zu Hause ist es so langweilig ohne dich und Caro.«

»Aber ich hab immer gedacht, ihr seid ganz froh, mich endlich los zu sein?«

»Wie kommst du denn auf die Idee? Wir haben dich doch lieb!«

Das hab ich nun wirklich nicht erwartet. Keine Vorwürfe, keine Kritik.

»Du machst das alles so toll mit deinem Studium, deinem Job und wie du den Haushalt führst.«

Mama wischt sich die Tränen von den Wangen. Ihr sonst so perfektes Augen-Make-up ist verlaufen. Ich reiche ihr eine Rolle Klopapier. Ich kaufe nie Taschentücher.

»Haushalt?!«, frage ich. »Bloß gut, dass du die Mikrowelle nicht gesehen hast!«

»Doch, die hab ich gesehen. Spaghettisoße?« Sie putzt sich die Nase.

»Mirácoli. Aber wann … wie …?«

»Eine Mutter sieht alles!«

Wir verbringen den Tag auf meiner Couch, gucken Fernsehen, machen uns über Castingshowteilnehmer lustig und essen

Marmeladenbrote. Es ist ein bisschen wie früher, nur dass es jetzt meine Wohnung ist und nicht unser Reihenhaus. Meine Eltern versprechen mir, das nächste Mal früher anzurufen, und ich verspreche, mich bei Caro zu melden. Ich hab das Gefühl, wir sind ein bisschen erwachsener geworden. Alle drei.

# Kinder mit Doppelnamen

ooooooooo

Vor zwei Jahren ist meine Schulfreundin Isabel Mutter geworden. Sie hat mir damals eine Karte mit dem Foto ihres Sprosses nebst den üblichen Daten fürs Baby-Quartett geschickt. Das verknautschte Gesicht ihres Sohnes blinzelte zuckersüß in die Kamera. Doch unter dem Bild stand er: ein doppelter Vorname. Zwei kryptische Namen, zusammengetackert durch einen Bindestrich. Dummerweise sind mir beide Hälften des Doppelnamens entfallen, und die Karte fiel versehentlich dem Schredder zum Opfer, als ich meine alten Finanzamtunterlagen aus Frust entsorgte.

Das Kind beim Namen zu nennen, gestaltete sich also äußerst problematisch. Jedes Mal, wenn ich mit Isabel telefoniere oder ihr auf Facebook schreibe, frage ich deshalb nach »dem Kleinen«. Was macht denn euer Süßer? Schläft der Wonneproppen schon durch? Ist der kleine Prinz schon gewachsen? Die Vielzahl an Kosenamen, die ich mir in Ermangelung des echten ausdenken musste, setzte mich auf der Liste der potenziellen Patentanten ganz weit nach oben. Und obwohl Isabel seither ab und zu den Doppelnamen erwähnt, geht dieser bei mir zum einen Ohr rein und zum anderen wieder raus. Er ist nicht viel mehr als ein Geräusch.

Wie wird das wohl später sein, wenn sich der Kleine irgendwo vorstellt? »Hallo, ich bin der Bssssssssss-Bsssssssssss.«

Und nichts als weißes Rauschen ward vernommen. Wer wird

den Job dann bekommen? Bssssssss-Bssssssss oder sein Mitbewerber Paul?

Warum tut Isabel ihrem Kind das an? Der arme Junge wird von
Geburt an zu einer janusgesichtigen, gespaltenen Persönlichkeit verdonnert. Es ist doch schon schwierig genug, den vielen
Rollen gerecht zu werden, in die wir täglich schlüpfen müssen.
Wir sind Kinder und Eltern, Studenten und Kollegen, Internet-
User, Bonuskarteninhaber, Doppelhaushälftenbewohner, Voll-
kaskoversicherte, Waschstraßenbenutzer, Hundebesitzer, Pati-
enten, Abonnenten ... Die Liste ließe sich ewig weiterführen.
Da braucht man doch wenigstens einen konkreten Namen, der
das Ich, quasi als Summe aller Persönlichkeiten, definiert. Eine
klare, feste Größe. Eine Konstante im Sumpf der Hybrid-
Identitäten. Die ersten Worte, die ein Säugling lernt, sind einfach und deutlich und bezeichnen klar voneinander unter-
scheidbare Dinge. Das runde Ding ist ein Ball und das eckige
ein Würfel. Doppelnamen verwirren. Ein Ball-Würfel oder ein
Würfel-Ball macht keinen Sinn.

Nomen est omen. Wie also soll Calma-Lillit, deren Namen »die
ruhige Stürmische« bedeutet, ihren eigenen Charakter verstehen? Sie ist ein wandelnder Widerspruch. Kinder mit Doppelnamen müssen ja innerlich zerrissen sein. Zwei konkurrierende
Hälften *einer* Persönlichkeit pendeln an den beiden Enden des
Trennstrichs. Tomasia-Florentine kapiert wahrscheinlich erst,
dass sie mit diesem bipolaren Lautkonstrukt gemeint ist, wenn
sie bereits die Schule besucht. Dort wird beim Diktatschreiben
das schwierigste Wort der eigene Name sein.

Wahnsinnig unpraktisch sind zweiteilige Vornamen ebenfalls.
Lysander-Theobald und Estefania-Laurea finden sich garantiert
niemals auf Tassen oder Schlüsselanhängern verewigt, und der
Asiate, der Namen von Touristen auf Reiskörner tätowiert,

wird fluchen. Man möchte manche Mütter kräftig schütteln und ihnen noch im Wochenbett sagen: Stell dir doch mal vor, du rufst dein Kind zum Essen! Oder noch schlimmer, es rennt auf die Straße!

»Estefania-Laurea, pass auf!«

Bei »fania« ist der Lkw schon drübergerollt. Lara-Lena und Lila-Leila hingegen werden auf dem Schulhof als neue Mitglieder der Teletubbies ausgelacht, und die weibliche Hjördis-Lourdes bekommt später Briefe mit der Anrede »Herr«. Und wie unerotisch muss es erst sein »Oh, Carl-Demetrius, du wilder Stier!« im Bett zu stöhnen?

Woher kommt also diese unangenehme Modeerscheinung, dass Eltern glauben, ihrem Baby einen besonders extravaganten Namen geben zu müssen? Können sie sich einfach nicht entscheiden? Geht der Individualismuszwang so weit, dass sich die Elternteile nicht mehr auf einen Namen einigen können, sondern jeder einen auswählt, der dann mittels Zweikomponentenkleber an den anderen gehaftet wird? Dabei entstehen nicht nur akustisch unästhetische Gebilde. Es besteht die Gefahr, dass zwei grundverschiedene Weltanschauungen einen ewigen Kampf auf der Geburtsurkunde austragen, wie im Fall der christlich-hinduistischen Indira-Maria.

Vielleicht sind Zweifachvornamen aber auch deshalb so beliebt, weil wir immer weniger Kinder bekommen. Die Eltern haben das Bedürfnis, ihr Namensgebungspotenzial voll auszuschöpfen. Statt zwei Kinder mit je einem Namen zu bedenken, muss das Einzelkind eben die doppelte Bürde tragen. Oder soll ein Doppelname ein gewisses Prestige verleihen? Adelige hatten ja oft mehrere Vornamen. Wilhelm-Alexander oder Sophie-Charlotte mussten die Namen ihrer Vorfahren und Erbtanten mit sich rumschleppen: *Sie* hatten keine Wahl. Peinlich wird es jedoch, wenn heutzutage eine übergewichtige Schlachtergehilfin Grazia-

Patrizia heißt und mit Nachnamen Koslowski. Lysander-Theobald ärgert sich bestimmt tierisch, wenn sein adeliger Name nicht aufs Fußballtrikot passt. Wobei, vermutlich wird er mit *dem* Namen von Robbie, Micha und Olli eh nie ins Team gewählt.

Promis neigen ja häufig dazu, ihren Nachkommen bescheuerte Vornamen zu geben, um zu beweisen, wie kreativ sie sind. Am beliebtesten sind englische Namen, für den Fall, dass es wenigstens der Sohn mal nach Hollywood schafft. Dabei ist das verlorene Liebesmüh. Denn wenn der Nachname so urdeutsch wie beispielsweise Ochsenknecht lautet, muss später eh ein Künstlername her.

In Amerika darf man sein Kind sogar nach seinem Lieblingsessen, einer Tugend oder dem Stadtteil, in dem es gezeugt wurde, benennen. Apple, Hope und Chelsea klingen aber auch sehr schön – jedenfalls für deutsche Ohren. Ich weiß nicht, wie die germanischen Äquivalente Apfel, Hoffnung und Reinickendorf auf Amis wirken. Wahrscheinlich so, als hätten die werdenden Eltern die gelben Seiten aufgeblättert und wahllos drin rumgetippt. Da kann die kleine Reinickendorf ja noch von Glück reden, dass sie nicht Kanzlei-Schmidt oder Rohrleitungen-Müller heißt.

Vorbei ist die Zeit, in der es in jeder Schulklasse drei Jennifers und vier Alexander – beziehungsweise im Osten drei Katjas und vier Mal Matthias gab. In den Achtzigern nannten lediglich Vokuhila tragende Halbstarke in Nietenjacken einen Doppelnamen ihr Eigen. Karl-Heinz und Kai-Uwe scheinen jedoch ausgestorben oder mit ihrer Simson ins Ausland abgehauen zu sein. Heute verzweifeln Lehrer angesichts der Aussprache von Evangeline-Priscilla oder Claudine-Dorota. Und da soll noch mal einer über die angeblich fehlgeschlagene Integration von Kindern mit Migrationshintergrund meckern. Diese sperrigen

Doppelnamen erzeugen widerspenstige, verzogene, mit sich selbst unzufriedene Gören.

»Frederik-Umberto, denk daran, dass du heute nach dem Kindergarten zum Golfen gehst und dann dein Englischlehrer nach Hause kommt. Oh, und um drei hast du dann Aggressionstherapie.«

Oft gehen mit einem Kombi-Namen ein erhöhter Leistungsdruck und übertriebene Frühförderung einher. Eltern definieren sich über ihren Nachwuchs. Das ist kein Geheimnis. Kinder sollen es nicht nur besser haben, sondern auch besser machen als die Erwachsenen, damit Mama und Papa ihre eigenen Unzulänglichkeiten kompensieren können. Und so bekommen Rudolpho-Mauro und Clarissa-Chantale ab dem Tag ihrer Geburt jeden Abend Shakespeare-Dialoge vorgelesen – natürlich im Original. Kinder mit Doppelnamen müssen auch doppelt so viel leisten wie Einnamige, um ihrem großen Namen gerecht zu werden.

»Christobal-Demian geht jetzt schon zum Baby-Yoga.« Gehen? Er ist erst sechs Monate. Von Gehen kann keine Rede sein!

»Unser Linus-Maximilian lernt jetzt Chinesisch in der Begabten-Kita.«

Klar. Aber ich wette, außer dem chinesischen Verkehrsminister UM-LEI-TUNG bleibt nichts hängen.

Doch mit einem komplizierten Rufnamen und einer anstrengenden Freizeitgestaltung ist es leider noch nicht getan. Doppelnamenbabys bekommen nur Kleidung aus Bio-Baumwolle und schadstofffreies Holzspielzeug und müssen sich ihre Kuscheltiere selber basteln. Die aus dem Spielzeugladen könnten zu sehr fusseln, was zu verstopften Nasen und Atemstillstand führen könnte. Fernsehen ist tabu, so haben Doppelnamenmenschen wenigstens keinen Ärger mit der GEZ. Die Kinder werden auch bis zum zweiten Lebensjahr gestillt. Mütter, die früher wieder arbeiten gehen oder ihr Kleines gar komplett mit der Flasche aufziehen, werden schief angesehen. An der Mutterfront gelten Nichtstillende als egoistisch. Die doppelnamigen Sprösslinge wachsen in möglichst keimfreier Umgebung auf. Was sie auch berühren oder in den Mund stecken, wird vorher mit Sagrotan besprüht. Früchte gibt es nur aus ökologischem Anbau, denn von Obst aus dem Supermarkt wird man ja krank. Diese Kinder ekeln sich wahrscheinlich, wenn man ihnen erzählt, dass Milch aus der Kuh rauskommt und nicht aus dem Tetra Pak, sofern sie nicht sowieso laktoseintolerant sind. Daher ist es nicht verwunderlich, dass die Patientenliste in Allergiepraxen per se zwei Felder für Vornamen hat.

Und die doppelnamigen Allergiekinder werden zu doppelnamigen Erwachsenen. Jerome-Emanuel kann eigentlich nur Schnulzensänger oder Soap-Darsteller werden. Und Dörte-Katzbachine wird entweder eine Kandidatin bei *Bauer sucht Frau* oder Vorstandsvorsitzende eines Futtermittelbetriebes, vorausgesetzt, ihr Heuschnupfen macht ihr keinen Strich durch die Rechnung. Eine normale Karriere bleibt Menschen mit Mehrfachvornamen verwehrt. Wer traut schon einem Versicherungsmakler, der Benny-Justin heißt? Und welcher Angeklagte würde eine Richterin namens Daisy-Megan ernst nehmen?

Isabel hat mich übrigens tatsächlich als Patentante auserkoren. Ich konnte natürlich nicht nein sagen. Nächste Woche findet die Taufe statt. Mein Patenkind kommt jetzt bald in den Kindergarten, und ich habe mich immer noch nicht getraut, nach dem korrekten Namen zu fragen. Der Kleine selbst nennt sich Batman. Und so rufe ich ihn ebenfalls. Es ist vielleicht die beste Idee, Kinder sich ihren Namen selbst aussuchen zu lassen. Dabei kommen dann sicherlich so kreative Bezeichnungen raus wie Häuptling grüne Kotze oder Königin Himbeere. Aber solche Namen kann man sich wenigstens merken.

# Blondineneffekt

○○○○○○○○○

W as erhält man, wenn man einer Blondine einen Pfennig
für ihre Gedanken bietet? Wechselgeld.«
Mit der Gesamtheit aller Blondinenwitze dieser Welt könnte
man vermutlich eine geräumige Dreizimmerwohnung mit
Spreeblick tapezieren. Es gibt mehr Witze über Blondinen als
über Mantafahrer, Ostfriesen und Musiker zusammen, wobei
nur Musiker über Musikerwitze lachen können. Zum Beispiel:
»Woran erkennt man, dass ein Schlagzeuger an die Tür klopft?
Das Klopfen ist unregelmäßig und wird immer lauter.« Dabei
kann ich die 17-jährigen Nachwuchsbands mit ihren Adidas-
Jacken und Tocotronic-Frisuren förmlich grunzen hören. Doch
während Verbalentgleisungen gegen andere Randgruppen den
Gezeiten der Mode unterworfen sind, halten sich die Spottge-
sänge auf uns Lichthaarige seit Jahrzehnten hartnäckig. Sicher
lassen diese Scherze eher auf die Intelligenz des Witzelnden als
die des Zielobjekts schließen, aber das Vorurteil, Blondinen sei-
en doof, ist manifest. Und mal ehrlich: Haftet nicht an jedem
Witz ein Körnchen Wahrheit?
Ich zum Beispiel bin eine große Blondine Ende 20 und – empirisch
gesehen – ganz attraktiv. Blöd bin ich überhaupt nicht, schließlich
war ich die Jahrgangsbeste meiner Abiturklasse. Ich kann den Ab-
lativus absolutus bilden, kenne den Unterschied zwischen Mitose
und Meiose und weiß, warum der Dreißigjährige Krieg ausbrach.
Aber auch ich tappe von Zeit zu Zeit in die Blondinenfalle:

Heute Morgen bekomme ich eine SMS von Christian: »Vermiss dich. Sehen wir uns heute?« Das verheißt romantische Zweisamkeit in privatem Ambiente. Wir verabreden uns zum gemeinsamen Kochen bei ihm. Er ist ein Fan dieser Trendkochshows mit lispelnden Starköchen à la *Schmeckt nicht, gibt's nicht* und *Oliver's Twist*. Meine Kochkünste beschränken sich auf Kaffee und Eier. Also biete ich an, einzukaufen und – emanzipatorischerweise – ihm den Teil mit dem Herd zu überlassen. Wir haben uns nach Susannes Party erst zweimal getroffen. An meinem Ohrwurmtag und vorgestern bei dem Konzert der Black Eyed Peas. Wir haben uns den ganzen Abend Komplimente und Zweideutigkeiten ins Trommelfell gebrüllt. Flirten ist verdammt anstrengend bei 100 Dezibel.

»DU SIEHST ECHT SCHARF AUS!«, schrie Christian.

»WAAAAASSSS?«

»SCHARF, DU SIEHST SCHARF AUS!«

»JA, STIMMT. MAN SIEHT TOTAL SCHARF, OBWOHL DIE BÜHNE SO WEIT WEG IS!«

»NEIN, DU!«

»JA KLAR, ICH AUCH!«

Also ließen wir das Reden sein und haben getanzt und gekuschelt. Heute, beim dritten Date, sagt mir mein Gefühl, könnte es passieren. Rrrrrr!

Gegen acht soll ich bei ihm sein, also lasse ich mir um fünf ein heißes Bad ein, wasche mir die Haare mit meinem neuen »Go-Blonder«-Shampoo und suche eine Antwort auf die sagenumwobene Kleiderfrage. Wie jedes Jahr zu Frühlingsanfang ackere ich die Semesterferien im Reisebüro durch, um mich mit zauberhaften Sommerkleidchen eindecken zu können. Sobald die ersten Sonnenstrahlen dann durchbrechen und ich die Sachen anziehen will, stehe ich vor dem gleichen Problem. In einem Kleid sehe ich immer viel zu chic aus. Außerdem muss man dazu hohe Schuhe tragen. Turnschuhe zum Rock sind das Fashion-Fauxpas-Äquivalent zu Adiletten. Aber mit eleganten Peeptoes zum Pastellkleid könnte ich glatt die Trauzeugin auf einer Hochzeit sein. Dabei will ich doch nur schnell den Müll runterbringen und dann bei Schlecker Sonnenmilch kaufen. Somit entscheide ich mich dann meistens doch für meine abgeschnittenen Jeans, die bereits seit zehn Sommern meine Hüften umschmeicheln. Heute Abend habe ich allerdings ein Date. Also darf ich mich ein wenig aufbrezeln. Ich wähle einen mittelkurzen Rock mit schwarzer Strumpfhose, der »Ich bin total sexy, aber weiß, was sich gehört« flirtet, und ein enges, aber hoch geschlossenes Shirt. Meine Mutter hat mir von Kindheitsbeinen an beigebracht: entweder oben oder unten kurz, nie beides gleichzeitig, das wirkt billig.

An Make-up spare ich heute nicht, schließlich ist ja mein Shirt schon recht unauffällig, und die heute noch blonderen Haare umnebele ich mit einem Glanzspray, das nach Melone duftet. Rrrrr! Ich schüttele meine Mähne wie Kim Basinger in einem Erotikthriller und kann kaum erwarten, Christian wie meine Haarlocken um den Finger zu wickeln. Kurz nach sieben klappere ich in meinen grünen High Heels zu meinem Auto, einem weinroten Altherren-Ford, und habe das großartige Gefühl, die Königin der Nacht zu sein. Im Radio läuft U2, und ich singe laut und schief mit, während ich einem silberfarbenen Kombi aus Versehen die Vorfahrt nehme und auf den Parkplatz des örtlichen Plus-Marktes fahre. Als ich eine Euromünze aus meinem Handschuhfach krame, bemerke ich, dass der Kombi-Fahrer das gleiche Ziel hatte und mir gegenüber einparkt. Mit der Reaktionsschnelligkeit einer Pantherin ducke ich mich, schließe die Autotür hockend und watschele im Entengang bis zum nächsten Mülleimer.

»Mama, was macht die Frau da?« Ein etwa achtjähriger Junge in feschen Oilily-Klamotten deutet auf mich.

»Man zeigt nicht mit nacktem Finger auf angezogene Leute«, flüstert seine Mutter.

Ich tue so, als bände ich mir den Schuh zu, was bei Pumps ziemlich albern aussieht. Dann richte ich mich auf. Das Oilily-Kind mustert mich immer noch.

»Aber die hat doch kaum was an!«, rechtfertigt er sich, während seine Mutter ihn in den Supermarkt schleift. Na wenn der keinen Doppelnamen hat.

»Komm jetzt, Melvin-Justin.«

Wusste ich's doch. Inzwischen ist auch der Kombi-Fahrer, äh die Kombi-Fahrerin ausgestiegen. Eine brünette Mutter in Begleitung zweier Mädchen und einer Oma. Ich gehe unauffällig weiter und spüre Giftpfeile in meinem Nacken. Ich bin mir sicher, sie hat mich erkannt.

»Typisch Blondine. Zu blöd zum Autofahren!«

Ich weiß nicht, ob die Stimme tatsächlich von der Frau kommt oder mein Gewissenswurm mir ins Ohr gezischelt hat. Auf jeden Fall bekomme ich einen dezenten Anfall von Verfolgungswahn.

Vor Aufregung lasse ich meinen Euro zwischen die Einkaufswagen fallen und bücke mich umständlich danach. Meine Showeinlage sieht so lächerlich aus, dass mich selbst der *Motz*-Verkäufer belächelt, der immer vor dem Supermarkt steht, weil er auf die Münze aus dem zurückgegebenen Einkaufswagen hofft. Und der hat bestimmt nicht viel zu lachen. Ich beende meine Verrenkungen und ziehe meine Hand zwischen den dreckigen Rädern hervor. Ich überprüfe, ob mein Rock noch bedeckt, was er soll, wobei ich einen schwarzen Handabdruck auf meinem Allerwertesten hinterlasse. Bravo! Das ist ja wie eine Zielscheibe zum Draufklatschen! Wie eine unwissende Kuh, die sich zur Schlachtbank vordrängelt, betrete ich den Supermarkt.

Meine High Heels machen ein lautes Trippelgeräusch auf den

orangefarbenen Fliesen. Und dabei will ich doch nicht so auffallen. Schleichen wäre jetzt aber noch peinlicher. In Ermangelung eines Einkaufswagens beschließe ich, einen Pappkarton
aus der Getränkeabteilung zu entwenden, um darin meine Sie-
bensachen zu sammeln. Als ich mich über die aufgetürmten
Apfelsaftpackungen beuge, um mir einen Karton zu angeln,
stoße ich mir das Knie an einer Holzpalette. Das Resultat ist
eine Laufmasche und ein handtellergroßer Bluterguss. Die mit-
leidig-amüsierten Blicke von Melvin-Justin und seiner gut or-
ganisierten Mutter in Turnschuhen geben mir das Gefühl, die
dümmste Zelle in diesem Shopping-Organismus zu sein. Die
braunhaarige Kombi-Fahrerin mit den beiden Mädchen ist
dicht hinter mir. Sie starrt mich an. Das weiß ich, weil sich die
Härchen in meinem Nacken aufrichten. Ich fühle mich wie das
Stück Putenfleisch, das von gummibehandschuhten Händen
auf eine kalte Metallwaage geklatscht wird.
»Darf's auch ein bisschen mehr sein?«, fragt mich die übergewichtige Fleischerin emotionslos.
»Ja, is okay«, antworte ich kleinlaut und lächele schwach.
»Und außerdem?«
Ich bin irritiert.
»Was und außerdem? Ich hab doch gesagt, ist okay.«
Die Dame mit der plattgelegenen Kaltwelle verdreht die Augen.
»Noch ein Wunsch?«
Die in Reih und Glied anstehenden Desperate Housewives und
der eine hübsche Schwule mustern mich jetzt von oben bis un-
ten. Spontan entstehen tuschelnde Gespräche. Ich bekomme
nur Fetzen mit: »Typisch Blondine«, zischt die Brünette. »Wer
lässt die nur frei rumlaufen?«, näselt der Schwule. »Annere
Leute hamm ooch noch wat vor«, berlinert eine Dame mit
Vokuhila-Frisur und drei Flaschen Wodka im Wagen. »Das
hätt's früher nicht gegeben«, meckert die Oma. Möglichst un-

auffällig manövriere ich meinen Pappkarton an der lästernden Warteschlange vorbei, als die Fleischereifachverkäuferin »Sie haben da was vergessen!« trötet. Also drehe ich mich um, stolpere noch mal den »Walk of Häme« entlang und hole mir mein Putenfleisch. Dabei bin ich die Pute. Die blonde, aufgetakelte Pute mit einem Loch in der Strumpfhose. Klar halten die mich für bescheuert. Denen jetzt den Dreißigjährigen Krieg zu erklären, würde auch nichts ändern.

Okay, jetzt das Gemüse. Das schaffst du, konzentrier dich! Ich scheitere bereits an den zippeligen Tütchen auf der Rolle. Ich will eine abreißen, habe dann aber sechs in der Hand. Ich schaue mich um, ob jemand guckt, und verstecke dann die überflüssigen fünf Tüten zwischen den Möhren. Verdammt! Eine Supermarktteilzeitkraft schiebt gerade einen vergitterten Wagen mit einer Ladung Kartoffelchips an mir vorbei. Mir schießt das Blut so schnell in den Kopf, dass meine Ohren rauschen. Hat sie mich gesehen? Wird sie mich entlarven? Bin ich, schlampige Blondine, gleich das Gespött des ganzen Supermarkts? Aber sie geht an mir vorbei. Wahrscheinlich hat sie andere Sorgen.

Puh! Noch mal Glück gehabt. Allerdings stehe ich immer noch vor meinem blonden Tütenproblem. Da ich auf der einen Hand meinen Getränkekarton jongliere, hab ich nur eine Hand frei, um die statisch aufgeladene Tüte aufzumachen. Zuerst reibe ich das PVC an meinem Shirt, um die zusammengeklebten Seiten voneinander zu trennen. Als das nicht klappt, nehme ich die eine Hälfte der Tüte in den Mund und ziehe an der anderen. Zwei Gymnasiasten in Kapuzenpullis beobachten mich, versteckt zwischen den passierten Tomaten und den Fertiggerichten. Ihre Sprüche hinter vorgehaltener Hand zum Thema Tütchen, Mund und Blondine will ich gar nicht erst verstehen. Ich denke mir, Gemüse wird sowieso überbewertet, lasse die Tüte fallen und greife mir stattdessen eine Packung Rucola. Das wird

Christian bestimmt gefallen. In diesen Kochsendungen gibt's doch ständig Rucola. Das vor ein paar Jahren noch vollkommen unbekannte Unkraut mit dem italienischen Namen ist mittlerweile von keiner Designerpizza mehr wegzudenken. Solch einen Aufstieg hat seither nur die Katzenberger geschafft. Ich schnappe mir noch eine Portion abgepackte Strauchtomaten und ein Kilo Orangen. Starköche werfen ja immer irgendwas Obstiges in einen Salat, und alle tun so, als ob das schmeckt.

Jetzt noch schnell in die Milchprodukteabteilung. Melvin-Justins Mutter will ihm Paula-Quark andrehen: »Die Kinder im Spot mit den umgedrehten Mützen machen doch so tollen Sprechgesang.« Die schlechten Raps dieser Reklame haben sich vermutlich alternde Werbefuzzis aus Villingen-Schwenningen ausgedacht, um auch die Zielgruppe der Acht- bis Zwölfjährigen zu erreichen. Wenn ich doch nur endlich in einer Werbeagentur anfangen könnte. Ich würde Kinder-Joghurt richtig cool verkaufen! Mit kindgerechten Sorten wie rosa Barbie-Joghurt mit Erdbeerherzchen und für die Jungs einen Transformer-Becher, den man zum Auto umbauen kann. Ich entscheide mich für die größte Werbelüge seit dem Corny-Riegel: Activia. Wenn die deutschlandweit gecasteten Werbedarstellerinnen so offenherzig über ihre Verdauungsprobleme reden, dann muss frau denen einfach vertrauen. Und außerdem ist der probiotische Joghurt mit linksdrehenden Kulturen heute im Supersonderangebot. Rote Preisaufkleberchen locken mich an. Ich habe zwar keine Ahnung, was ein Sixpack sonst kostet oder ob rechtsdrehende Kulturen vielleicht noch billiger wären, aber wenn es extra rot ausgepreist ist, muss es ja günstig sein!

Ich baue in meinem Getränkekarton einen Turm, der die Babylonier eifersüchtig gemacht hätte, und balanciere ihn zur Kasse; vorbei an den schadenfrohen Gesichtern der müden Mütter mit Einkaufswagen. Dort angekommen, ignoriere ich die spontane Lust auf Magnum und Zahnweißkaugummi. Als ich all meine Einkäufe aufs Band gelegt habe und mich schon in Sicherheit wiege, merke ich, dass mein Portemonnaie noch im Auto liegt und ich die Spaghetti, den Hauptgrund meiner Supermarkttortur, vergessen habe. Nervenzusammenbruchartig stammele ich: »Danke, ich bring alles zurück.«

Mit kaltem Schweiß auf der Stirn, einem aufgeschlagenen Knie und einem grauschwarz markierten Hintern verlasse ich die Stätte meiner Schande in der Gewissheit, einen weiteren Beweis für »Blondinen sind blöd« hinterlassen zu haben. Quod erat demonstrandum. Ich fahre nach Hause, ziehe mich um und frage Christian, ob er nicht stattdessen zu mir kommen wolle. Wir bestellen uns eine Rucola-Pizza, sitzen auf meiner Couch und amüsieren uns über meinen Selbstversuch in Sachen Blondinenwitze. Tja, und dann … Rrrrrrrr!

# Penismonologe

oooooooo

D as erste Mal mit Christian war bombastisch. Aber das ist
nicht der Grund, warum ich nun über Penismonologe
schreibe. Im Bett haben wir nicht viel geredet, auch nicht mit
Körperteilen. Ein paar Mal war es etwas eckig, wir sind mit den
Köpfen zusammengestoßen, und mir ist der linke Fuß zwischendurch eingeschlafen. Aber wir haben drüber gelacht und
uns richtig ausgetobt.

Am Morgen danach ruft mich Susanne an. Sie hat ein Engage-
ment in einem Off-Theater. Die Gage ist zwar nicht der Rede
wert, aber wenigstens muss sie für zwei Monate nicht mehr
kellnern und kann nach anspruchslosen Kurzfilmdrehs und
Auftritten bei *Richter Alexander Hold* endlich in ihrem erlern-
ten Beruf arbeiten. Wir sitzen mit einer Flasche Wein auf ihrem
Balkon, genießen den Sommer davor und feiern den Beginn ihrer Karriere.

»Das Casting war wahnsinnig anstrengend«, erzählt sie mir
stolz. »Das ging über vier Runden. Zuerst musste ich einen
klassischen Monolog vorsprechen. Ich hab das Gretchen gespielt. In dem Dirndl kommen meine Brüste so gut raus.«

»Du Luder!« Ich gebe ihr einen Klaps auf den Schenkel.

»Tja, stille Wasser sind tief und dreckig.« Sie grinst. »In der
zweiten Runde bekam ich eine Choreographie, die ich in einer
halben Stunde draufhaben musste, dann Gruppenimpros ...«

»Lass mich raten: und dann die Besetzungscouch.«

»Quatsch. So dreckig bin ich auch wieder nich.«

Sie nippt an ihrem Weinglas.

»Wie heißt das Stück denn überhaupt?«, frage ich.

»Der Regisseur ist sich noch nicht sicher. Namen findet er zu plakativ. Das Ganze ist eine Collage, eine Sammlung verschiedener Geschichten und Interviews, die dann zu einem Stück zusammengefügt werden, quasi Dokumentartheater.«

»Klingt ja spannend«, sage ich, »und was spielst du?«

»Auf jeden Fall einen Mann. Im Ensemble sind nur Frauen. Der Regisseur macht da so eine Cross-Gender-Nummer draus.«

Ich kann meine Begeisterung kaum verbergen.

»Jetzt guck nicht so skeptisch.« Susanne durchschaut mich. »Ich weiß, das hört sich schwammig an. Aber der Typ hat schon voll viel inszeniert. Der war sogar schon beim Theatertreffen mit einer Tanz-Performance. Medea 2.0. Hast du davon gehört?«

Habe ich nicht.

»War wohl sehr erfolgreich.«


Ich hoffe zwar das Beste, befürchte aber, Susanne ist in eine dieser kryptischen, weltfremden Performances gerutscht, die in dunklen Hinterhöfen vor 30 Freunden Premiere feiern und nur der Selbstbeweihräucherung des Regisseurs dienen. Oft sind die Darsteller nackt auf der Bühne, beschmieren sich ohne erkennbaren Grund mit Blut oder anderen Körpersäften und schreien ihren Text, als hänge ihr Leben davon ab.

Als ich damals auf der Schauspielschule war, wirkte ich an einem Kurzfilmprojekt mit, das ähnlich abgespaced war. Ein älterer, übergewichtiger Kabarettist hüpfte in Frauenkleidern auf einer Wiese herum und legte sich ein Brötchen abwechselnd auf das linke und dann auf das rechte Auge. Das sollte die Blindheit unserer Konsumgesellschaft symbolisieren. Ich und zwölf weitere ahnungslose Schauspielschüler wurden in Margeritenkostüme gesteckt und mussten im Kreis um ihn herumtanzen. Und dann war da noch so eine lesbische Continuity-Frau am Set, die mir unentwegt vorschlug, ihre Perücke aufzusetzen.

Nach einer Probe treffe ich Susanne in einem alternativen Café in Prenzlberg. Da es dort aber mittlerweile nur noch alternative Cafés gibt, wäre die wahre Alternative eine Eckkneipe gewesen. Dort, wo wir uns treffen, gibt es keine Bedienung. Man muss sich seinen Kaffee selber kochen und nach dem Motto »Pay what you want« etwas in ein Tonsparschwein werfen. Ein nicht näher definierter Teil des Sparschweinerlöses kommt wohl einer Integrations-Kita zugute.

Susanne sieht unglaublich fertig aus. Blass, strähnige Haare, dunkle Augenringe. Auf einem Satanistenfestival wäre sie die heißeste Horrorbraut gewesen.

»Geht's dir gut?«

»Alles in Ordnung. Die Proben sind nur sehr stressig. Er scheucht uns wie Blöde. Wir machen ja auch die Bühnenaufbauten selber. Heute konnte er sich ewig nicht entscheiden, wo diese zwei Meter hohen Metallpenisse hin sollen. Also musste ich zusammen mit einer anderen Schauspielerin die Dinger 'ne Stunde lang über die Bühne schleppen. Na ja, was tut man nicht alles für die Kunst.«

Sie lächelt müde. Ich werfe einen Euro in das Integrationssparschwein und spendiere ihr erst mal einen Kaffee.

»Aber sag mal, Metallpenisse? Wozu braucht ihr die denn?«

»In dem Stück geht es um die Re-Emanzipation des Mannes. Also, nach der Emanzipation der Frauen sind jetzt die Männer in einer Sinnkrise. Sie wissen nicht mehr, ob sie Weicheier oder

Machos sein sollen. Der Regisseur meint, sie seien eingeklemmt zwischen Metrosexualität und archaischen Traditionen. Das Stück ist ein Abriss über den postmodernen Mann.«

Susanne schnauft.

»Auweia, der Typ muss ja Probleme haben«, sage ich.

»Nein, das ist wirklich eine schwierige Situation. Das haben ganz viele Gender-Studien gezeigt. Außerdem freu ich mich, endlich mal in einem richtigen Theater zu spielen.«

»Was kriegst du denn?«

»Zehn Prozent der Einnahmen, nach Abzug der Produktionskosten. Also du musst kommen und ganz viel Werbung machen.«

»Susanne, du siehst von den Einnahmen wahrscheinlich nicht mehr als die Integrations-Kita von dem Euro, den ich grad da reingeworfen hab!«

»Du bist immer so pessimistisch. Freu dich doch mal für mich.«

Verstanden. Sie braucht meine Unterstützung. Und anschließend wahrscheinlich meinen Trost.


In den nächsten sechs Wochen hat Susanne überhaupt keine Zeit. Entweder sie probt, oder sie faltet zu Hause penisförmige Flyer. Der Regisseur hat sich endlich für einen Titel entschieden: »Penis-Monologe«. Fünftausend dieser Flyer soll sie verteilen. Ich helfe ihr dabei und nehme einen dicken Stapel Penisse mit in die Arbeit. Meine lieben Kollegen munkeln, ich hätte nebenbei eine Sex-Hotline laufen. Die Papierphalli sind der Renner im Reisebüro. Sie kleben an Pinnwänden und Monitoren, bekommen lustige Gesichter mit Bärten aufgemalt oder dienen schlicht als Kaffeetassenuntersetzer. Freud hätte seine Freude an unserer Belegschaft.

Leider aber scheint niemand die Flyer gelesen zu haben. Als ich am Tag der Premiere meine Mitarbeiter auf das Stück anspreche, haben alle etwas Besseres zu tun: Schwiegermutterbesuch, *Grey's Anatomy* gucken und Ölwechsel sind die schlechtesten Ausreden. Auch Christian ist verhindert. Er muss beruflich einige Wochen nach Hamburg. Er hat zwar gerade in einem Berliner Architekturbüro angefangen, wird jedoch in den Norden geschickt, um ein Bauprojekt in Altona zu betreuen. Im Moment führen wir eine Fernbeziehung, dabei sind wir doch gerade erst frisch verliebt. Das Leben kann so gemein sein. Zum Glück begleitet mich Toby zu den »Penismonologen«. Er ist Feuer und Flamme, denn er glaubt, wir sehen uns eine Travestie-Show an.

Zur Premiere in der – sagen wir mal rustikalen – Fabrikhalle sitzen vielleicht 60 Personen auf unbequemen, mit Stroh gefüllten Seesäcken. Die Sitzgelegenheiten riechen unangenehm, und ich habe permanent das Gefühl, Flöhe würden unter mein Kleid krabbeln. Aber wie Susanne schon sagte, was tut man nicht alles für die Kunst? Und die 20 Euro Eintritt, trotz Studentenrabatt, zahle ich gern. Zwei Euro davon gehen ja schließlich an meine beste Freundin. Das Programmheft ist so dick wie ein Lexikon. Wahrscheinlich dauert es länger, es durchzulesen, als das gesamte Stück zu sehen. Geschrieben wurde die Lektüre als theaterwissenschaftliche Abhandlung von … ach, sieh mal einer an … von meiner Frauenrechtlerkommilitonin Amanda. Na, das passt zu ihr. Ich erfahre, dass die Bestuhlung extra entfernt wurde: »Die ZuschauerInnen sollen auf den unbequemen SäckInnen die unbequeme LagIn der MännerInnen unserer ZeitIn nachempfinden.« Auf allgemeine Betrachtungen zur Gender-Diskussion folgt dann eine 18-seitige Stellungnahme des Regisseurs. Beim Überfliegen stelle ich fest, die Interviews hat der Typ mit sich selbst geführt. Eigentlich sehen wir also seine eigenen Probleme mit seiner Männlichkeit.

»Der wixt uns was vor!«, bringt es Toby auf den Punkt. In Anlehnung an den Bezirk, in dem viele dieser künstlichen Künstler hausen, beschließen wir, ihn Prenzlwichser zu taufen.

Dann geht es los. Zwei riesige, sich kreuzende, silberne Phalli werden diabolisch beleuchtet. Susanne und drei weitere Schauspielerinnen treten in schwarzen Anzügen auf, stellen sich demonstrativ an die Rampe und starten eine Publikumsbeschimpfung. Wortfetzen fliegen durch die Luft.
»Mann-Schwanz-Fortpflanzung-*Men*struation-Mann-Patriarch-Penis-Dominanz-Sex-Mann.«
Dann tritt jeweils eine der Darstellerinnen nach vorne in einen Spot und erzählt eine Geschichte. Die erste berichtet vom ersten Samenerguss. Toby kichert neben mir. Die zweite beschreibt *en detail* eine Sterilisierung. Nach jeder Story folgt ein Chorelement mit Tanz. Die Frauen verfallen wieder in den Sprechgesang, bewegen sich abgehackt dazu im Raum und stapeln autistisch Kisten übereinander. Dann kommt Susanne an die Reihe. Sie verkörpert einen jungen Homosexuellen, der sein Coming-out hat. Sie spielt hinreißend, wie ihre Figur sich in einen anderen Mann verliebt und zunächst mit den Gefühlen nichts anzufangen weiß. Tobys Augen strahlen, und durch das Publikum geht eine Welle warmen Schmunzelns. Susanne ist frisch und glaubwürdig, ganz im Gegensatz zu ihren herben Mitspielerinnen, die den Text plärren wie die Sprecher der Wochenschau in den Dreißigern. Susanne erzählt vom ersten Sex, der Angst vor Aids und kommt schließlich zur großen Beichte vor den Eltern. Zum Schluss spielt sie noch einen Orgasmus, den selbst Meg Ryan nicht besser hingekriegt hätte, und tritt aus dem Spot zurück in die Dunkelheit. Toby und ich applaudieren, und die anderen Zuschauer fallen mit ein.

Da erhebt sich der Prenzlwichser-Regisseur aus der ersten Reihe. Er trägt einen Rentierpulli, obwohl es draußen 30 Grad sind. Wahrscheinlich hat den Pullover seine Mutti gestrickt. Er bedeutet uns, mit dem Klatschen aufzuhören. Wir sollen wohl sein Stück nicht stören. Susanne bleibt im Freeze in ihrer einstudierten Pose, aber ich sehe, wie ein feines Lächeln ihre Mundwinkel umspielt.

Der vierte Monolog ist eine ziemlich perverse Penisbruchanekdote. Mir zieht sich alles zusammen, obwohl ich gar keinen Penis habe. Danach folgen Dialogfragmente, untermalt von Zwölftonmusik und schaurigen Bildern, die auf die Metallpenisse im Hintergrund projiziert werden. Nach und nach entledigen sich die Schauspielerinnen ihrer Anzüge. Darunter tragen sie eine Art Ganzkörperkondom und sehen selbst wie Penisse aus.

»Mann, muss der Kerl Komplexe haben«, raunt Toby mir zu. Eine Pause gibt es während der knapp dreistündigen Performance nicht. Wahrscheinlich, damit niemand abhaut. Das Saallicht bleibt die ganze Zeit an, so dass man sich nicht mal zur Toilette schleichen kann. Kann gut sein, dass die alten Säcke deshalb so komisch riechen.

Zum krönenden Finale spritzen sich die Figuren auf der Bühne mit Wasserschläuchen nass (Was für ein Symbol!) und drehen die Silberphalli um. Dahinter kommt ein Spiegel zum Vorschein. Das Publikum sieht sich selbst, gelangweilt und angeödet in stinkenden Strohsäcken hängen. Die Zuschauer klatschen kultiviert, schließlich ist jeder mit einer der Darstellerinnen befreundet. Dass der Prenzlwichser Freunde hat, bezweifle ich. Lediglich seine Mutter bringt ihm einen in Zeitungspapier gewickelten Blumentopf auf die Bühne. Sein Angebot zur anschließenden Podiumsdiskussion lehnen wir dankend ab.

Im Foyer gibt Toby mir bereits den dritten Prosecco aus, und ich bin leicht beschwipst.

»Na, noch einen mehr, und ich nenn dich von jetzt an Prosecco-Barbie.«

»Ich muss mir Mut antrinken. Ich hab keine Ahnung, was ich Susanne sagen soll.«

»Sei ehrlich. Sie hat nichts davon, wenn du sie anflunkerst«, rät mir Toby.

»Ja, aber ich muss sie unterstützen. Sie war so stolz, endlich in einem richtigen Stück zu spielen.«

»Ein richtiges Stück? Das war die verklemmte Sexphantasie eines Muttersöhnchens. Ödipus meets Gay Romeo!«

»Schreib das ins Gästebuch, und du machst den Regisseur wahrscheinlich glücklich.«

Wie aufs Stichwort stößt dieser plötzlich zu uns und reicht uns die Hand. »Schön, dass ihr gekommen seid. Es war mir sehr wichtig, dieses Stück aufzuführen.«

»Das hat man gemerkt.« Etwas Netteres fällt mir nicht ein. Ich starre den Rentierpulli an und versuche, Rudolphs rote Nase zu entdecken. Ich hab ganz schön einen sitzen.

»Das Bühnenbild war toll. Sehr inspirierend«, hilft mir Toby aus der Patsche.

»Ja, ich habe es selbst entworfen. Es hat ganz schön lange gedauert, bis ich dieses Bild aus meinem Kopf in die Realität transferieren konnte. Aber das ist auch ein Prozess, der Zeit braucht. Man darf sich da zu nichts zwingen.«

»Hmmm.« Wieder kann ich meine Begeisterung kaum zügeln.

»Und wie war das für euch mit dem Spiegel am Ende? Habt ihr das schon reflektiert?« Der Künstler bestellt sich ein Glas Milch, wirft seine fettigen Locken in den Nacken und trinkt es in einem Zug.

»Na ja, also, was sollte das denn bedeuten?«, frage ich.

»Weißt du, ich bin nicht so einer, der sagt, du musst das so oder so sehen. Ich bin da liberal, gerade auch vor dem Hintergrund meines Backgrounds. Ich mutmaße aber, es ist sicher ein Schock für das Auditorium, plötzlich selbst Teil der Performance zu sein. Theater als Reflexion. Aber es soll schon auch ein Stück weit die eigene Haltung bewusst machen. Der Phallus, der Spieß wurde sozusagen umgedreht.«

Bevor ich darauf antworten muss, ruft ihn seine Mutter, und er verabschiedet sich.

Im Foyer herrscht eine bedrückende Atmosphäre. Die Gäste ringen wie wir nach Worten, um den Künstlerinnen zu schmeicheln oder ihnen die Wahrheit schonend beizubringen. Susanne kommt. »Und?«, fragt sie.

Was soll ich sagen? Sie wünscht sich meine Unterstützung. Sie war immer für mich da. Selbst als ich professionelle Paragliderin werden wollte. Da hat sie mir sogar einen Schirm genäht. Ich kann sie doch jetzt nicht abstürzen lassen, nachdem sie sechs Wochen lang »twenty-four-seven« mit diesen Penissen gekämpft hat.

»Ich fand dich super. Ganz ehrlich. Dein Monolog war spitze.«

»Ja, genau, ich hätt' mich beinah in dich verliebt«, sagt Toby.

Ich bin nicht in der Lage, in ihren Augen zu lesen, ob sie uns glaubt oder nicht.

»Aber der Rest war Scheiße, oder?« Sie schaut mich an.

»Ehrlich gesagt, ja«, gebe ich zu.

Wir lachen uns kaputt. Der ganze Stress der Proben fällt von Susanne ab.

»Und diese dämlichen Kostüme. Ich kam mir vor wie ein Erdmännchen«, prustet sie los.

»Mich hast du eher an eine Bifi erinnert«, scherzt Toby.

Der Rentierpulli und seine potenzielle Strickerin schauen irritiert zu uns herüber. »Komm, wir hauen hier ab!«, sage ich. Wir entführen Susanne in die Realität, frei von ödipalen Prenzlwichsern, Penisflyern und Latexoveralls. Wir gehen einen Burger essen, feiern in unserem Lieblingsclub und vergessen die Potenzprobleme dieses milchtrinkenden Mutterkomplexes, der Susanne sechs Wochen wertvolle Lebenszeit gekostet hat.

# Zen in der Kunst
# der Selbstverarschung

●●●●●●●●●

Als ich Susanne kennenlernte, war sie extrem esoterisch drauf. Sie war schon in Indien gewesen und erzählte mir von tantrischem Sex. Sie nannte sich Caruna, das ist ein Buchstabe aus dem Sanskrit. Sie hatte lange dunkle Woodstockhaare und trug ausschließlich biologisch abbaubare Hanfklamotten, die man zur Not auch rauchen konnte. Den Sommer über schlief sie immer auf dem alten Hausboot ihres Stiefvaters. Wir trafen uns beim Get-together am Abend vor unserem ersten Schauspielkurs. Ich war süße 18, sie schon 22. Sie strahlte eine unglaubliche Wärme aus, und ich wollte sie sofort kennenlernen. Ich verliebte mich auf den ersten Blick in sie – natürlich rein platonisch. Wir übten gemeinsam die Kraftstimmtechnik, schauten uns bizarre Inszenierungen an und machten Yogaferien auf Hiddensee. Dabei tanzten wir uns mit den anderen Lifestyle-Buddhisten zu den Klängen von Doppelfelltrommeln und Klangschalen in Trance. Ich verstand nicht viel von den ganzen Theorien, hoffte aber, in der Esoterik eine höhere Dimension der Erkenntnis zu erreichen. Also zu verstehen, ohne zu verstehen.

Esoterik ist die Religion für alle, die sich nicht für eine der großen Glaubensrichtungen entscheiden können oder wollen. Sie ist wie das Probiermenü im Sushi-Restaurant. Wenn man keine Ahnung hat, welcher rohe Fisch einem schmeckt, dann nimmt man die Testplatte. In kleinen Häppchen wird einem in der

Esoterik das Wichtigste der Weltreligionen aufgetischt. Der Jünger kann sich dann herauspicken, was ihm beliebt, und unangenehme Begleiterscheinungen herkömmlicher Religionen wie Fegefeuer, Zölibat und Kopftuchzwang auf dem Teller liegen lassen.

Mit den althergebrachten Konfessionen kam ich zuvor kaum in Kontakt. Ich bin nicht getauft worden. In der DDR gab es das Namensgebungsfest. Das ist eigentlich das Gleiche wie eine Taufe, nur ohne Wasser (und ohne Jesus, der darüberläuft). Da ich als Teenager jedoch wie alle Altersgenossen auf der Suche nach dem Sinn des Lebens war, probierte auch ich die Kanapees der Esoterik.

Mit 13 Jahren lieh ich mir das erste Horoskopbuch aus der Bibliothek aus und nervte alle mit meinem Astrologiewissen. Meiner ebenfalls vorpubertären Freundin rechnete ich die Chancen aus, mit ihrem Schwarm zusammenzukommen. »Sieh mal, du bist Krebs, und er ist Skorpion. Er stichelt, und du machst zu, das kann nichts werden«, diagnostizierte ich auf dem Schulhof. »Such dir lieber einen Löwen. Der übernimmt die Führung, und du ordnest dich ihm sexuell unter.«

Wenn meine Mutter mir verbot, länger als bis 22 Uhr wegzugehen, konterte ich: »Typisch Widder. Du hast Verlustängste.« Als ich einmal mein Zimmer aufräumen sollte, antwortete ich: »Ich bin doch keine Jungfrau.« Mein Vater wurde blass wie eine Alabasterstatue und ebenso starr. »Ich hab das Sternzeichen gemeint. Jungfrauen sind doch sehr ordnungsliebend«, verteidigte ich mich. Aber der Schock meines Vaters saß tief. Er klärte mich auf, schickte mich zum Frauenarzt, und ich musste mir den Film *Schwanger mit 16* als abschreckendes Beispiel ansehen. Außerdem achtete Papa seitdem strengstens darauf, dass meine Zimmertür offen blieb, wenn der Nachbarsjunge zum Spielen kam.

Heute ist die Esoterik aus dem Alltag nicht mehr wegzudenken. Jeder liest doch heimlich sein Zeitungshoroskop, auch wenn's keiner zugeben will. Selbst im Flughafenbuchladen quillt die esoterische Literatur aus allen Regalen. An jeder Ecke ist ein »Hexenladen« zu finden, und man kann mittlerweile Heilsteine bei eBay ersteigern. Sogar meine Oma hatte zeitweise einen Hang zur Esoterik. In der *Apotheken Umschau* hatte sie einen Artikel über Bestellungen beim Universum gelesen.

»Das ist dasselbe wie beten, nur dass man nicht Gott um Hilfe bittet, sondern eben das Universum«, sagte sie. Ich machte mir Sorgen, dass meine liebe Oma langsam verrückt wird.

»Du bist immer so skeptisch, Kind. Bei mir hat's funktioniert.« Und dann zitierte sie den berühmten Spruch aus *Hamlet:* »Es gibt mehr Dinge zwischen Himmel und Erde, als deine Schulweisheit dich träumen lässt.«

Meine Oma liebt Zitate. Bei jeder passenden Gelegenheit haut sie mir Goethe oder Shakespeare um die Ohren und setzt danach diesen Siehste-jetzt-kannste-nix-mehr-sagen-Gesichtsausdruck auf.

Anfangs hat sie mit ihren Bestellungen im All sogar Erfolg. Sie wünscht sich einen günstigen Kombi und wird innerhalb der nächsten Woche fündig. Wahrscheinlich hätte sie die Kleinanzeige am Schwarzen Brett in ihrem lokalen Supermarkt irgendwann sowieso entdeckt. Meine Oma aber glaubt, das Universum hätte ihr einen Wink gegeben. Wie eine shoppingsüchtige Versandhausbestellerin ordert sie von da an alles, was sie braucht, in der Milchstraße. Eine neue Heckenschere, eine Strumpfhose, die nicht reißt, bis hin zur letzten Zahl beim Bingo im Seniorenfreizeitzentrum. Sie gibt so viele Bestellungen auf, dass sie den Überblick verliert. Sie merkt sich nur die »Lieferungen«, die tatsächlich eintreffen, und fühlt ihre sich selbst erfüllenden Prophezeiungen bestätigt. Ich aber glaube, sie redet sich das alles ein.

»Du hast mich mit deiner Zweiflerei angesteckt«, wirft sie mir eines Tages vor.

»Wieso?«

»Das Universum mag mich nicht mehr.«

Oma hat sich mehrfach die Traumreise »Fünf-Tage-Mittelmeer« bestellt, die es in ihrem Kreuzworträtselheftchen zu gewinnen gibt, und ist jedes Mal leer ausgegangen. Sie wird richtig besessen davon, weil sie sich nicht erklären kann, was sie falsch macht. Also legen meine Eltern, meine Schwester und ich zusammen und schenken ihr eine ähnliche Reise zum Geburtstag. Als Oma ihr Geschenk öffnet, schreit sie wie ein Tokio-Hotel-Fan.

»Seht ihr, ich hatte recht!« Und sie zitiert Paulo Coelho: »Wenn du etwas wirklich willst, wird das ganze Universum dafür sorgen, dass es so geschieht.«

Nachdem Susanne, alias Caruna, mich mit ihren Batikklamotten und ihrem ganzheitlichen Denken angesteckt hatte, beschloss ich, Buddhistin zu werden. In einem Esoterik-Laden im – wie könnte es anders sein – Prenzlauer Berg wollte ich mich mit dem nötigen Equipment eindecken. Ich betrat den »Guru-Shop«, und ein Glöckchen kündigte meine Ankunft an. Es roch nach Rauchwerk verschiedenen Ursprungs. Eine barfüßige Verkäuferin in den Vierzigern mit Frida-Kahlo-Augenbrauen, Dreadlocks und einer Katze auf dem Schoß schaute kurz hoch und musterte mich von Kopf bis Fuß. Ich lächelte dasselbe kurze, nervöse, schnaufende Lächeln, das ich auch in teuren Designerläden den Edelverkäuferinnen schenke. Es drückt mein Bewusstsein aus, hier gerade nicht wirklich reinzupassen und am liebsten gleich wieder verschwinden zu wollen. Da ich jedoch die einzige Kundin war und es unfreundlich gewesen wäre, mir nicht wenigstens die Ware anzuschauen, ging ich betont interessiert von Regal zu Regal. In Edelboutiquen versuche ich, mir nicht anmerken zu lassen, wir unverschämt ich die Preise finde, und im Eso-Shop, dass ich keine Ahnung vom Buddhismus habe. Ich bückte mich nach einem geflochtenen Einkaufskorb und stieß gegen eine Buddhastatue, die zwei Teelichter in den Händen hielt. Buddha fiel um, und das Wachs der Kerzen ergoss sich auf den unbehandelten Holzboden.

»Oh, Gott, Entschuldigung!«, entfuhr es mir, und gleichzeitig verfluchte ich mich, hier einen anderen Gott ins Spiel gebracht zu haben.

»Is' okay, ich mach das«, sagte die Verkäuferin und blieb sitzen. Erst jetzt sah ich, was sie tat. Sie stach der Katze dünne Akupunktur-Nadeln ins Fell. Dem Tier schien das zu gefallen, es schnurrte friedlich vor sich hin.

»Shiva hat Migräne«, erklärte sie mir.

»Aber ich dachte, das sei Buddha?«

»Nicht die Figur, der Kater. Er heißt Shiva. In einem früheren Leben war er mein Geliebter.«

»Oh, cool.« Etwas Blöderes hätte ich nicht sagen können. Ich schnappte mir den Einkaufskorb und tat hinein: einen orangefarbenen Wickelrock, eine bunte Hanfumhängetasche, ein »Free Tibet«-T-Shirt und Räucherstäbchen inklusive Räucherstäbchenhalter zum Asche auffangen. Dann stöberte ich in der Bücherecke und entdeckte ein gebatiktes Notizbuch aus recyceltem Papier, das einen Elefantengott auf dem Cover abbildete. Beim genaueren Betrachten musste ich mit Erschrecken feststellen, dass in der Sonne über dem Elefanten ein leuchtendes Hakenkreuz prangte. Hatte ich in Geschichte so schlecht aufgepasst? Waren die Nazis tatsächlich bis nach Indien gekommen? Das muss ich mal meinen Opa fragen. Verwirrt stellte ich das Notizbuch zurück ins Regal.

»Das Hakenkreuz ist ein altes buddhistisches Glückssymbol«, erklärte mir Frida Kahlo und nahm einen Zug von ihrem Joint.

Einatmend fügte sie hinzu: »Eigentlich ist es ein Sonnenrad. Im Buddhismus sind die Striche nach links gerichtet.« Sie pustete aus und sammelte Haschkrümel von ihrer Unterlippe. Shiva gähnte.

»Ja klar. Und bei den Nazis nach rechts. Das macht Sinn«, sagte ich und kam mir unglaublich dumm vor.

»Wir haben auch T-Shirts mit dem indischen Hakenkreuz. Du solltest eins mitnehmen. Es ist wichtig, das Symbol neu zu besetzen.«

Das ist bestimmt wichtig, dachte ich, nur hatte ich keine Lust, für ein Mitglied der NPD gehalten zu werden.

»Oh, leider nicht meine Größe. Ich zahl dann auch«, zog ich mich aus der Affäre. Während sie Shiva von seinen Nadeln befreite und die schlechten Energien aus ihm herausstrich, stand ich unsicher am Tresen und schaute mir die dort ausgelegten Flyer an. Meditationsseminare, Partnerschweben (was immer das ist) und »Rückführung für zu Hause«.

»Das ist sehr zu empfehlen. Hab ich auch schon gemacht. Da lernt man, sich selbst mit Hilfe von Entspannungskassetten in frühere Leben zurückzuversetzen. Dabei habe ich Shiva getroffen«, sagte die Katzenmutti, während sie die Preise von Hand zusammenrechnete.

Rückführungskassetten für zu Hause? Und was passiert, wenn man den Weg aus dem Vorleben zurück in die Zukunft nicht mehr findet? Ich möchte mir gar nicht vorstellen, wie viele Hobbyesoteriker in ihren Wohnungen unter Selbsthypnose langsam verwelken.

»185 Euro«, sagte sie. Ich musste schlucken. Aber gut, der Weg zur Erleuchtung ist teuer. In einer Designerboutique hätte ich für den Preis wahrscheinlich nicht mal einen Schal bekommen. Um für meinen nächsten Kontakt mit echten Buddhisten gerüstet zu sein, studierte ich *Zen in der Kunst des Bogenschießens* und hatte immer das gelbe Reclamheftchen *Die Reden des Buddha* in meiner Hanfumhängetasche. Bei jedem Genuss eines Yogi-Tees nebst Nelkenzigarette blätterte ich es gedankenversunken durch.

Susanne stellte mir auch einen Lama vor, von dem sie gehört hatte. Ein Lama ist kein spuckendes Wüstentier, sondern ein Guru oder spiritueller Lehrer, der einen auf dem Weg der Selbstfindung altruistisch anleiten soll. Ich wusste zwar nicht, warum ich mich selbst finden soll, schließlich hatte ich mich ja nie verloren, aber in der Schauspielausbildung wurde sehr viel Wert auf Egozentrik gelegt.

Also brachte ich meinen »inneren Kritiker« zum Schweigen und fuhr eines schönen Wochenendes mit Susanne zu ihrem Lama nach London. Als arme Teilzeitesoteriker konnten wir uns lediglich eine Pauschalbustour leisten. Gemeinsam mit unternehmungslustigen Rentnern in Multifunktionsjacken und einer asiatischen Touristengruppe mit zwei Fotoapparaten pro Person fuhren wir Richtung Calais, setzten dann mit der Fähre nach Dover über und erreichten im Morgengrauen endlich »Swinging London«. Die Rentner besuchten den Tower, die Asiaten fotografierten die Werbung am Piccadilly Circus, und wir machten uns auf, unserem Guru zu huldigen.

Mit der Underground-Bahn fuhren wir zu der angegebenen Adresse in einem Londoner Vorort. Ein rotes, kleines Backsteinhäuschen mit einer grünen Tür sollte der Ort unserer Erleuchtung werden. Es gab keine Klingel. Die Tür stand offen, und wir waren so frei, einzutreten. Eine gelockte Frau, deren überproportional großer Hintern in einer grauen Jogginghose steckte, hieß uns willkommen. Ich war etwas irritiert, weil sie mit Frankfurter Dialekt sprach. Aber gut, Hessen haben auch ein Recht auf Offenbarung. Sie ließ uns auf einer weißen Holzbank Platz nehmen und servierte uns Tee. Ganz stupiden Earl Grey im Teebeutel. Ich hatte zumindest ein paar Lavalampen, Spiegelkissen und eine Sexorgie im Hintergrund erwartet. Stattdessen wirkte der Raum karg, eher wie ein Zahnarztwartezimmer.

Nach einigen Minuten erschien unser Guru. Er nannte sich Onilinga. Ich hoffte auf eine Mischung aus dem Dalai Lama und Mister Miyagi aus *Karate Kid,* wurde aber erneut enttäuscht. Onilinga hatte sich den Namen selbst gegeben. Vermutlich hat er alle Buchstaben, die beim Scrabble übriggeblieben sind, zu einem Wort addiert. Eigentlich heißt er Detlev und kommt aus Hannover. Weil dort außer der Expo 2000 noch nie was Spannendes passiert ist, hatte der jugendliche Detlev damit begonnen, mit Geistern zu reden. Channeln nannte er das. Er selbst war wohl ein Wunderkind, spielte mit fünf Jahren bereits perfekt Oboe und Blockflöte und glaubte, die Reinkarnation von Beethoven zu sein. Das einzig gurumäßige an ihm war sein kahlrasierter Schädel. Aber nur weil man mit dreißig schon eine Glatze hat, bedeutet das noch lange nicht, dass man auch weise ist. Auch liefen im Fünf-Minuten-Takt Ökoschlunsenfrauen mit seligem Gesichtsausdruck durch die Wohnung. Jede begrüßte er mit einer viel zu langen Umarmung.

»Das ist bestimmt sein Harem«, flüsterte ich Susanne zu.

Am Anfang unseres Gespräches tauchte Onilinga immer wieder ab, lächelte sanftmütig und antwortete unsinniges Zeug. Am liebsten hätte ich mit meiner Hand vor seinen Augen herumgewedelt, um zu testen, ob er überhaupt wach war. Er entschuldigte sich für einen Moment und ging ins Nebenzimmer. Susanne erklärte mir, er sei in Trance.

»Wenn jemand auf ganz hohen Bewusstseinsstufen unterwegs ist, kommt es ab und zu vor, dass der Weg zurück in die Realität blockiert ist.«

Wusste ich's doch. Mit Selbsthypnose ist nicht zu spaßen. Ich fand das ganz schön dreist. Schließlich bezahlten, pardon, spendeten wir jede 150 Euro für die zwei Stunden Audienz, und er war mit sich selbst beschäftigt.

Als er wieder bei sich beziehungsweise bei uns war, zog die Unterhaltung merkwürdige Kreise. Onilinga war ein Meister des Namedroppings. Immer wieder erwähnte er angeblich berühmte Menschen, mit denen er gearbeitet hatte. Hinduistische Namen mischten sich mit Hollywood-Glamour und altem Westberliner Café-Kranzler-Charme. Unter anderem hatte er den Hundesitter des ehemaligen Maskenbildners von Inge Meisel zur Erleuchtung geführt. Wow!

Dieser Lama spuckte wirklich große Töne. Vollkommen aus dem Zusammenhang gerissen erzählte er uns die rührselige Geschichte seiner Seelenverwandten Mirolina (natürlich auch ein selbstgebastelter Name – wahrscheinlich hat sie beim Scrabble dafür mehr Punkte bekommen als er) und ihrem Zwillingsbruder. Dieser sei während der Geburt von ihr zerquetscht worden, so dass sich ihre beiden Seelen nun ihren Körper teilen. Praktischerweise sei der Bruder sogar schwul, und beide stünden auf die gleichen Männer.

Ich versuchte, aus der Geschichte ein Gleichnis herauszulesen. Was wollte er uns damit sagen? Detlev bediente sich virtuos von der Sushi-Platte der esoterischen Ideen und kam mühelos von Engeln zu Indianerritualen und von Chakren zu Freuds Traumdeutung. Doch als er davon anfing, die Erde sei von zwei rivalisierenden, außerirdischen Rassen bevölkert, die unbemerkt unter uns leben und mit den Menschen spielen wie mit Hühnern, machte ich innerlich dicht. Das hatte nun gar nichts mehr mit Buddhismus zu tun. Wir saßen hier einem New-Age-Prediger gegenüber. Er redete mir ein, ich sei eine Erdbeere. Andere Menschen würden mich aber für eine Tomate halten. Ich solle mir aber nicht sagen lassen, ich sei eine Tomate, sondern lieber den Kontakt zu diesen schlechten Energien abbrechen und auf meinem Erdbeerendasein bestehen. Er bot uns auch noch an, bei ihm zu wohnen. Ich wollte jedoch nicht so enden wie die dickärschige Hessin und der Rest des Harems. Wir verabschiedeten uns und fuhren zurück ins Zentrum.

In der Bahn schwiegen wir eine ganze Weile und ließen den merkwürdigen Tag Revue passieren. Ich klammerte mich verzweifelt an meine »Verstehen ohne zu verstehen«-Devise. Auf Höhe Paddington Station hielt ich es nicht mehr aus. »Ich bin also eine Erdbeere?!«, platzte ich heraus und wurde richtig wütend. »Der verarscht sich doch selber. Was ist er nun? Buddhist, Alienforscher oder Therapeut?«

»Mind the Gap«, riet die U-Bahn-Stimme, und ich verstand, was sie meint. Viele Sinnsuchende verspüren in ihrem Leben eine Lücke. Die muss man allerdings nicht mit Esoterik füllen. Ein Londontrip mit der besten Freundin, Shopping in Covent Garden und den Wachen am Buckingham Palace die Brüste zu zeigen, tut mindestens genauso gut. Ich werde jedenfalls nie wieder meine innere Stimme mundtot machen. Sie ist das Sprachrohr des gesunden Menschenverstandes, und ich werde einen Teufel tun, den zugunsten softer Wohlfühlselbstbeweihräucherung auszuknipsen.

# Stärken und Schwächen

°°°°°°°°°

Vorsichtig öffne ich meine Wohnungstür und spähe in den Flur. Sieht ruhig aus, ich höre auch niemanden. Okay, dann kann ich in meinem »I ♥ London«-Shirt und den ausgeleierten Shorts zum Briefkasten huschen, ohne einem der Jungs aus der WG im vierten Stock über den Weg zu laufen. Ich öffne den Briefkasten, stecke Möbel-Höffner-Werbung und Hallo-Pizza-Briefe in die Postfächer meiner Nachbarn und entdecke ein interessantes Schreiben. Es ist von einer Werbeagentur, wahrscheinlich wieder eine Absage … Aber nein, nach 43 ½ gescheiterten Versuchen bin ich endlich zu einem Bewerbungsgespräch eingeladen. Yeah!

Sofort sehe ich mich eilig durch ein elegantes Büro wippen, wobei mein Pferdeschwanz frech von links nach rechts fliegt. Dann schaffe ich es noch gerade rechtzeitig in einen großen Konferenzraum mit schwarz glänzendem Marmortisch, um meine geniale Präsentation vor japanischen Geschäftsleuten abzuliefern. Nach Beendigung meiner ebenso gefühlvollen wie originellen Schilderung der Werbekampagne für ihr neues Pfefferminzbonbon verharren die Herren zunächst stumm, um danach nur umso frenetischer zu applaudieren und nacheinander aufzustehen.

»Na, was Gutes?«, fragt der Rothaarige aus der WG, der gerade zur Haustür reinkommt.

»Ja, schon«, antworte ich salopp und entferne ganz nebenbei das rosa Kämmchen mit Barbie-Motiv aus meinem Pony. Mist, hat mich doch einer in meiner Hauskluft gesehen. Wenigstens war's diesmal nicht der Austauschitaliener. Gleich zwei Stufen auf einmal nehmend spurte ich zurück in meine Wohnung und lese den Brief richtig. Es handelt sich um ein Vorauswahlgespräch. Wenn ich das bestehe, komme ich in ein Assessment-Center. Was ist das denn? Soll ich zum Killer ausgebildet werden? Alias – die Werbeagentin. Das wäre die Gelegenheit, mal Perücken zu tragen! Aber eine kurze Rücksprache mit leo.org verrät mir, ein Assessment-Center ist so etwas wie ein Trainingslager oder Bewerbungscamp. Assassin heißt Killer.

»Ham wa wieder was gelernt!«, denke ich. Hoffentlich komme ich da durch, dann kann ich meinen mies bezahlten Studentenjob in der Tourismusbranche aufgeben. Die Stelle war ganz in Ordnung – zu Beginn meines Studiums. Aber nach 14 Semestern und mehreren Studiengangwechseln ist es mir etwas peinlich, immer noch auf 400-Euro-Basis zu jobben. Okay, wen rufe ich zuerst an? Christian, Toby oder Susanne?

»Hi, hier ist Christian, piept bitte nach dem Sprechton!«, schlägt mir die Mailbox meines Liebsten vor. Nee, das will ich ihm doch lieber persönlich sagen. Susanne ist um diese Uhrzeit bestimmt gerade in ihrem »Trommel dich frei«-Kurs, und Toby macht mit seinem neuen Lover Urlaub auf Teneriffa. Hab ich ihm gebucht. Der hat ein Glück. Also rufe ich meine Mutter an.

»Hab gerade an dich gedacht!«, meldet sie sich. Klingt, als esse sie nebenbei.

»Echt, wieso?«

»Da kam so eine Reportage bei *Spiegel TV* über die Generation Praktikum. Die haben gesagt, dass es heute fast unmöglich ist, mit 30 noch eine anständige Anstellung zu finden, wenn man vorher nur gejobbt hat. Also, viel Zeit hast du nicht mehr!«

»Na danke schön, stups mich noch mit der Nase drauf! Jetzt bin ich also alt und erfolglos oder was?«

»Ich mach mir halt Sorgen um dich! Dein Studium hast du ja auch nicht abgeschlossen.«

»Weil ich in 14 Semestern alles gelernt hab, was ich fürs Leben brauche.« Irgendwie hab ich gar keinen Bock mehr, ihr meine frohe Botschaft zu verkünden. Sie macht mir eh nur wieder alles mies.

»Kommst du Pfingsten?«, wechselt sie das Thema. Pfingsten ist so ein Fest, dessen Bedeutung mir als unreligiösem Ossi nie klar sein wird. Mich nervt eigentlich nur, dass dann immer die Geschäfte geschlossen sind und ich meinen Nazi-Opa besuchen muss.

»Weiß noch nicht. Grüß mal Papa, ja?«

»Warum hast du denn angerufen?«

Sie lässt mich nicht vom Haken.

»Na ja, also, ich hab eigentlich 'ne gute Neuigkeit!«

»Bitte sag nicht, dass du schwanger bist! Wie willst du denn ein Kind ernähren?«

»Keine Panik. Ich bin nicht schwanger. Ich hab 'ne Einladung zu einem Bewerbungsgespräch bei einer Werbeagentur.«

Am anderen Ende der Leitung wird es still. Ha, da ist sie sprachlos!

»Und wie viele haben die noch eingeladen?«

Von wegen sprachlos.

»Woher soll ich das wissen? Denkst du, die numerieren ihre Briefe, so nach dem Motto: Das war jetzt Nummer sechs von 2 400?«

»Nein, ich wollte dir doch nur sagen, dass du dich vielleicht nicht zu früh freuen solltest. Wer weiß, ob's klappt! Nachher bist du wieder enttäuscht!«

»Ja, danke Mama. Schön, dass du mich immer wieder auf den Boden der Tatsachen holst. Am besten, ich geh gar nicht erst hin, dann kann ich auch garantiert nicht enttäuscht werden.

Aber dann wundere dich bitte nicht, wenn ich mit 40 immer noch in der Generation Praktikum feststecke.«

»Jetzt wirst du wieder theatralisch. Also, mach's gut, wir sehen uns Pfingsten!« Und klick.

Verdammt! Sie lässt mir nicht mal die Genugtuung, als Erste aufzulegen, dabei hätte ich echt Lust dazu gehabt, den Hörer wie in einem Hitchcockfilm auf eine schwere Gabel fallen zu lassen. Aber dramatisches Auflegen ist seit der Erfindung des Mobiltelefons nicht mehr drin. Es piept nur kurz, und mein Bildschirmhintergrund (der supersüße Pudel meiner Schwester) erscheint.

Am Nachmittag besuche ich Susanne. Als Schauspielerin kann sie mir bestimmt ein paar Tipps geben, wie ich mich bei dem Bewerbungsgespräch am besten verkaufe. Zu meiner Überraschung kennt sich Susanne in der Materie jedoch richtig gut aus.

»Immerhin hab ich mal ein Bewerbungsgesprächstraining mit Jugendlichen gemacht.«

Und schon stellt sie mir die wichtigsten Fragen: »Wo sehen Sie sich in fünf Jahren?«

»Keine Ahnung. Ich weiß ja noch nicht mal, was ich in fünf Minuten mache. Aber ich will auf jeden Fall ins Ausland. Irgendwohin, wo's warm ist und man Englisch spricht. Also vielleicht nach L. A. oder Hawaii.«

»Bähhhg!«, versucht Susanne, das Total-falsch-Geräusch eines Spielshow-Buzzers zu imitieren. »Das darfst du denen auf keinen Fall sagen. Die richtige Antwort lautet: Ich hoffe, dass ich dann immer noch für Ihre Firma arbeite und in die nächste Ebene aufgestiegen bin.«

»Aber das ist doch albern. Das ist 'ne Werbeagentur, die haben einen höheren Verschleiß an Mitarbeitern als Nicole Kidman an Botox. Keiner arbeitet da länger als zwei Jahre. Außerdem ist es total weltfremd zu glauben, man bleibt sein Leben lang bei ein und derselben Firma, um sich am Ende 'ne goldene Uhr mit Gravur auf den Kamin zu stellen.«

»Ich sag dir nur, was die richtige Antwort wäre.«

»Na gut, nächste Frage!«

»Was sind Ihre Stärken, was sind Ihre Schwächen?« Susanne guckt wie eine strenge, sexy Sekretärin, die sich gleich die Bluse aufreißt und den Dutt löst. Es fällt mir schwer, ernst zu bleiben.

»Mmmh. Also Stärken sind einfach. Ich kann reden, immer, ständig. Egal mit wem und egal wo. Ich kann fremde Menschen an der Bushaltestelle in ein Gespräch über Tiefseetauchen oder Nacktschnecken verwickeln. Und Schwächen, also ich weiß nicht. Isch fürschte, isch abe gar keine Schwäschen, Signorina!« Der letzte Satz sollte sich so anhören wie der schleimige Italiener aus der Kaffeewerbung, klag aber mehr nach dem Stinktier von Bugs Bunny.

»Mach keinen Scheiß. Jeder hat Schwächen. Wenn du die nicht zugibst, dann bist du gleich unten durch.«

»Was soll ich denen denn sagen? Dass ich heftige Kommunikationsprobleme mit meiner Mutter hab, mit 20 mal drei Monate durchgekifft habe und unter chronischem Spliss leide?«

»Nein, irgendwelche niedlichen Schwächen. Die keinem weh tun. In dem Kurs haben wir den Kids beigebracht zu sagen: Ich hab eine Schwäche für Schokolade oder für Cola.«

»Und da wunderst du dich über die hohe Jugendarbeitslosigkeit? Ist doch klar, dass die alle keinen Job kriegen. Cola und Schokolade sind schwache Rauschmittel. Die potenziellen Chefs halten die Kids für verfressene, tendenziell fettleibige, zukünftige Alkoholiker!«

»Du musst immer alles übertreiben!« Susanne ist tatsächlich eingeschnappt und erinnert mich spontan an meine Mutter. »Ehrlich, immer ziehst du alles ins Lächerliche.«

»Aber Humor ist doch 'ne tolle Eigenschaft, oder etwa nicht?«, versuche ich mich zu verteidigen.

»Ja, schon, aber nicht, wenn du dich dahinter versteckst.«

Autsch, das hat gesessen. Verstecke ich mich hinter meinen Witzeleien und flotten Sprüchen? Vielleicht. Bei mieser Stimmung in meinem Elternhaus hab ich immer den Klassenclown gegeben. Ich erinnere mich an zahllose Weihnachtsfeste mit knallenden Türen, in denen sich meine heulende Mutter im Bad einschloss. Ich hab mich dann immer als Weihnachtsmann verkleidet, mir mit Creme einen Wattebart angeklebt und meine kleine Schwester aufgeheitert. Humor könnte tatsächlich eine meiner Schwächen sein.

Christian ist gestern erst wieder nach Hamburg gefahren. Ich fühle mich einsam und verbringe den Abend mit einem schönen Vollbad. Gerade heiß genug, um von der Hitze Gänsehaut zu kriegen, aber nicht so heiß, einem Kreislaufkollaps zu erliegen. Kerzen zünde ich nicht an. Man muss es ja nicht übertreiben. Umgeben von duftenden Schaumkronen gerate ich ins Grübeln. Was sind denn meine Schwächen? Mal ganz ehrlich. Hier und jetzt, die nackte Wahrheit!

Zuerst fällt mir ein: Ich kann nie was abschließen. Theoretisch spreche ich sieben Sprachen, bin aber bei Holländisch, Schwedisch, Latein und Türkisch nie über Lektion eins hinausgekommen. Ich war mal Numismatikerin, hab Schmetterlinge studiert, wollte unbedingt Nähen lernen und habe einen Eiskunstlaufkurs abgebrochen, nachdem ich mir in der dritten Stunde das Handgelenk gebrochen hatte. Genauso war's in meinem Studium. Nach drei Wochen Medizin wechselte ich zu Psychologie, musste aber feststellen, dass das nur Verrückte studieren, um sich selbst zu therapieren oder um an verschreibungspflichtige Medikamente zu kommen. Danach schwankte ich zwischen

Vergleichenden Literaturwissenschaften, Byzantinistik, Amerikanistik und drei Semestern Schauspiel. Aber die Schauspielerei war auch nicht das Wahre. Da gibt es zum Beispiel so eine Methode, bei der man daran denken muss, wie das erste Haustier gestorben ist, um in einer Szene zu weinen. »Fiffi, o mein Fiffi!« Schauspieler neigen vermutlich noch mehr zur Selbsttherapie als Psychologen. Nein danke.

Dann aber komme ich auf meine größte Schwäche: Ich bin verliebt in die Vorstellung von etwas. Ich glaube, ich habe zu viele Filme gesehen, denn ich will immer so sein wie die Frauen in diesen romantischen Hollywoodkomödien. Ich will Eis aus riesigen Pappbechern essen, dicke Socken und ein College-Sweatshirt tragen, wenn ich Liebeskummer habe. Ich will im Regen über eine Brücke in die Arme meines Geliebten rennen. Ich will Hintergrundmusik, Voice-over-Texte und eine Synchronstimme. Verdammt! Warum gibt es im wahren Leben keine Montagen, in denen man Karate trainiert und am Ende das Brett durchhaut? Wieso kann ich in einer peinlichen Situation nicht einfach abblenden und mit der nächsten Szene weitermachen? Als ich Schauspiel studierte, dachte ich, wir würden wie in *Fame* auf Taxis tanzen und Stulpen über Absatzschuhen tragen. Bei Byzantinistik dachte ich, ich könnte wie Indiana Jones auf Schatzsuche gehen. Ich sah mich als Ärztin oder Modedesignerin, immer cool gekleidet, tough und kompetent. Und voller Begeisterung startete ich auch in die verschiedensten Berufe, aber jedes Mal scheiterte ich an der Realität und brach ab. Auweia! Für diese Selbsterkenntnis habe ich verdammt lange gebraucht.

Am nächsten Tag verabschiede ich mich hochoffiziell von dem fiktiven Werbeagenturbild, dass ich aus so vielen Filmen kenne. In jungen deutschen Filmen ist einer der Hauptdarsteller immer in einer Werbeagentur beschäftigt. (Und meistens fährt er ein Cabrio mit Münchener Kennzeichen.) Ich beginne, mich ernsthaft mit Berufen in der Werbebranche auseinanderzusetzen. Ich erfahre, dass man nicht gleich als Texterin oder Grafikerin oder Kundenbetreuerin einsteigt, sondern auch erst mal nur Kaffee kocht und den Kreativen beim Arbeiten zuschaut. Ernüchtert atme ich tief durch. Aber ich mag ja Kaffee ziemlich gern und kreative Leute auch. Und meine Stärken, als Labertasche, die aus jeder Situation einen Witz machen kann, sind da gar nicht so fehl am Platze. Und so gehe ich schließlich mit weniger Hollywoodenthusiasmus als sonst, aber dafür umso informierter in die Vorauswahl.

# Geburtstag

°°°°°°°°°

Christians Bauprojekt in Hamburg ist abgeschlossen. Er hat einen Teil des Bahnhofs Altona saniert, so dass er sich direkt in den ICE setzen und zu mir zurückkommen konnte. Endlich ist unsere Skype-Phase vorbei. Es war so nervig, immer in die virtuellen Augen des Liebsten auf dem Bildschirm zu blicken, ohne ihn anfassen, riechen oder küssen zu können. Das ist Folter. So als würde man einem Verdurstenden in der Wüste ein leckeres Eiswasser vor die Nase setzen und ihm verbieten, es anzurühren. Wobei, dann geht der Verdurstende wahrscheinlich zum Sahara-Starbucks. Haben die nicht sogar eine Filiale im Himalaya?

Außerdem sehe ich auf Skype immer total furchtbar aus. Ich finde das so blöd, dass man sich dabei selbst sieht. Ständig richte ich meine Haare und versuche, in das kleine Fensterchen zu gucken, ohne dass Christian es mitbekommt. Er soll ja nicht denken, ich sei eitel. Bin ich zwar, aber denken soll er's nicht. Ich habe sogar den Teil meiner Wohnung, den man im Skype-Fenster sieht, extra persönlichkeitsgetreu eingerichtet, quasi ein perfektes Telefon-Set entworfen. Rein zufällig stehen hinter meinem Rücken dicke Shakespeare-Ausgaben, meine Urkunde vom ersten Platz beim Würstchenwettessen und eine Schneiderpuppe mit meinem schönsten selbst designten Kleid. Es ist zwar nur festgesteckt auf dem Stofftorso, da ich keine Ahnung vom Nähen habe, wirkt aber unglaublich professionell. Auf meinem Schreibtisch drapierte ich einige Notizbücher und lose Blätter, um eine authentische Arbeitsatmosphäre zu simulieren, und eine alte Schreibmaschine, die mir mein Nazi-Opa vermacht hat, als er ins Altersheim gezogen ist. Tolles Teil, wenn nur die Hakenkreuztaste nicht wäre. Als ich sie entdeckte, hab ich sofort den nächstbesten Sticker, einen Teddybär mit Herz in den Pfoten draufgeklebt. Liebe besiegt das Böse. Aber jetzt ist Christian wieder da und wir können ausgiebig knutschen, in meinem Bett Schokolade futtern und die Nacht durchquatschen.

»Ich dachte, wir gehen morgen zum Mexikaner«, sagt Christian mir um zwei Uhr morgens, und er meint den Abend des Tages, der gerade angebrochen ist.

»Ja klar, gerne.«

»Ich hab den Jungs schon Bescheid gesagt.«

Die Jungs sind seine Freunde und ehemaligen Kommilitonen, eine lustige, wenn auch dem Alkohol sehr zugeneigte Truppe.

»Was? Wieso sollen die denn mitkommen?«, frage ich entsetzt.

»Na, es ist doch schließlich mein Geburtstag. Man wird nur ein Mal 30.«

Ach, du Scheiße. Christian hat morgen, also heute, Geburtstag, und ich hab's vergessen. Und was noch schlimmer ist: Ich habe kein Geschenk.

Dabei mache ich wirklich gern Geschenke, zu allen Gelegenheiten. Selbst an den Feiertagen, die sich die Schokoladenindustrie ausgedacht hat, um ihre Produkte an den Mann zu bringen, wie Halloween oder dem von Milka erfundenen Valentinstag. Ich schenke Brot und Salz zur Wohnungseinweihung, bringe eine Flasche Wein zum Abendessen und eine »Kiss the cook«-Schürze zur Grillparty mit. Zu Ostern versteckte ich sogar kleine Schokoeier zwischen den Akten meiner Kollegen im Reisebüro, was zu verschmierten Buchungsbestätigungen und Vouchers führte. Durch kleine Aufmerksamkeiten kann ich meiner Einstellung zum Beschenkten und irgendwie auch meiner Persönlichkeit Ausdruck verleihen. Ich schenke, also bin ich.

Für Freunde und Familie gebe ich mir besonders große Mühe, etwas auszusuchen, das über das stupide »Buch zum Hobby« hinausgeht. Solche Präsente nerven mich ja selbst. Als ich mal ganz kurz diesen Schlittschuhkurs absolvierte, bekam ich nicht nur ein Armschützerset zu Weihnachten (das ich leider nicht getragen habe, sonst hätte ich mir nicht das Handgelenk gebrochen), sondern auch einen Bildband zum Thema Eiskunstlauf, *Die Geschichte der Schlittschuhe* und eine Biographie von Katarina Witt. Es ist ja sehr lieb von meiner Familie, sich mit meinen Interessen zu befassen, aber da diese ständig wechseln, bin ich oft viel zu gut ausgerüstet. Jedes Mal denke ich beschämt an meine missglückte Eislaufkarriere zurück, wenn mich die Gold-Kati von meinem Bücherregal anlächelt.

Ich selbst bin auch schon einmal in die Geschenk-zum-Hobby-Falle getappt. Meine kleine Schwester Caro, mittlerweile fast fertige Juristin (Respekt!), studierte vor einigen Jahren ein Semester Internationale Entwicklung mit Schwerpunkt Afrika in Berlin. In dem Studiengang geht es um sogenannte Entwicklungsländer. Das darf man jetzt aber nicht mehr sagen, genauso wenig wie »Türke« – der heißt jetzt »Migrant« –, und ein Döner ist politisch korrekt ausgedrückt eine »geschichtete Fleischspeise mit Migrationshintergrund«. Jedenfalls dachte ich, ich mache Caro eine Freude und schenkte ihr zu ihrem Geburtstag das Kinderbuch *Bummi in Afrika*, das wir als Kinder zusammen gelesen hatten. Caro wäre mir fast ins Gesicht gesprungen. Das DDR-Buch von 1978 beschreibt Bummis Abenteuer auf dem schwarzen Kontinent mit einem »Negermädchen«. Ich hätte wirklich eine neuere Auflage suchen sollen. Heute hat Bummi vermutlich eine »maximal-pigmentierte« Spielpartnerin.

Ich gab das Buch zurück und schenkte Caro stattdessen einen Ikea-Gutschein. Der flog mir dann allerdings auch um die Ohren, weil Ikea angeblich seine Teppiche von indischen Kindern knüpfen lässt. Es war nicht leicht mit Caro damals. Sie war so politisch korrekt, dass man in ihrer Gegenwart nicht mal »schwarzer Kaffee« sagen durfte.

Kaffee! Eine verdammt gute Idee. Ich schleiche mich um vier Uhr morgens aus dem Bett und mache welchen. Dann setze ich mich an meinen Laptop und google »the best birthday present ever«. Ich muss mir für Christian ein großartiges Geschenk einfallen lassen, denn es kann das wahre Wesen einer Beziehung offenbaren. So geschehen, als ich meinem Exfreund Frank zur Bescherung ein romantisches Wellness-Wochenende inklusive Rosenblätterbad und privater Massage schenkte – natürlich, als wir noch zusammen waren –, und er mir einen Kuli. Dabei geht es nicht um den finanziellen Wert des Geschenks. Ich wünsche mir lediglich, dass man sich Gedanken macht. Und für den Geistesblitz »Du musst ja in der Uni so viel schreiben« hat mein kiffender Exfreund sicher nicht sein voll erweitertes Bewusstsein ausgeschöpft.

Es ist leider eine sich stets erfüllende Prophezeiung, dass Männer keine Ahnung von schönen Geschenken haben. Wenn sie nicht gerade den Hochzeitstag vergessen, vertrauen die meisten männlichen Schenker auf die Klassiker: Blumen, Pralinen und Schmuck. Jede Frau freut sich über einen Blumenstrauß, als Überraschung zwischendurch, aber wer wünscht sich schon ein Usambaraveilchen unterm Weihnachtsbaum? Pralinen sind auch heikel, wenn die Süße gerade Diät macht, und Schmuck, nun ja, der sollte ihr wirklich gefallen. Nichts ist trauriger als ein Verlobungsring, den Frau eigentlich scheußlich findet, oder Ohrringe in Ankerform, die sie zwar zur Freude des Liebsten trägt, sich dabei aber fühlt wie die Bugfigur einer Schaluppe.

Frauen auf der anderen Seite schenken Krawatten und Socken, wenn ihnen nichts Besseres einfällt, oder Rasierwasser. Und entferntere Bekannte meinen oft, mit Tee und Kerzen nichts falsch machen zu können. Ich weiß nicht, wie viele Sorten losen Tee mit absurden Aromen wie Spekulatius oder Stracciatella ich schon in den Untiefen meines Küchenschrankes horte. Wenn ich dann beiläufig erwähne, dass ich mit losem Tee eigentlich nichts anfangen kann, bekomme ich zum nächsten Festtag ein Teeei. Danke schön!

Was ich auch total hasse, sind Handseifen in allen möglichen seifenuntypischen Formen. Zum Beispiel als Tafel Schokolade getarnt oder als Currywurst mit Picker. Erstens sollen meine Hände nicht nach Currywurst riechen, und zweitens macht Handseife am Stück nur Dreck. Wer mich nur ein ganz klein wenig kennt, weiß, wie ungern ich putze.

Die Internetrecherche brachte lediglich einen lustigen Lesbenporno mit dem Titel *Best Birthday Present Ever* zutage, also überrasche ich Christian an seinem Geburtstagsmorgen erst einmal mit einem tollen Frühstück. Ich habe Toast gemacht, Eier bemalt und sogar Orangensaft ausgepresst – mit den bloßen Händen. Hab ich jetzt einen Bizeps! Ich verspreche ihm, dass er am Abend ein wundervolles Geschenk bekommen wird, obwohl ich noch keine Ahnung habe, was es sein wird. Sobald ich ihn zur Tür gebracht und mit sanften Küsschen in den Tag verabschiedet habe, ziehe ich mich in Windeseile an, melde mich bei der Arbeit krank und stürme aus dem Haus, um das perfekte Geschenk zu finden.

Beim spontanen Brainstorming in der U-Bahn fallen mir leider nur die blödesten Geschenke meines Lebens ein. Meine Oma schenkt mir gern Edle Tropfen. Ich hasse Alkohol in Süßigkeiten, aber das Leben ist ja bekanntlich wie eine Schachtel Pralinen, entweder du wirst fett oder besoffen. Außerdem bekomme ich von Oma jedes Jahr weiße Bettwäsche und Stofftaschentücher für meine Aussteuer. Das Berliner Obdachlosenasyl freut sich daher über meine jährliche Spende. Im Gegenzug ist es aber auch überhaupt nicht einfach, etwas Schönes für die älteren Semester zu finden. Oft bekommen meine Großeltern gerahmte Fotos ihrer Enkel oder Pflegeprodukte geschenkt. Meine Oma brachte es auf den Punkt, als sie eines heiligen Abends, nachdem sie das dritte Duschpeelingset mit Naturschwamm ausgepackt hatte, fragte: »Für wie dreckig haltet ihr mich eigentlich?«

Seitdem erkundige ich mich immer vorher, was sie sich wünscht, und nach stundenlangem Rumdrucksen: »Ach, du musst mir doch nichts schenken. Ich bin doch schon so alt. Ich kann sowieso nichts mitnehmen. Das letzte Hemd hat keine Taschen. Spar du mal lieber für die Aussteuer«, gestand sie mir, dass sie gerne Karten für das DJ-Bobo-Konzert hätte. Das war für uns beide eine Überraschung.

Ich bin in den Potsdamer-Platz-Arkaden und versuche, mich zu konzentrieren. Nein, du gehst jetzt nicht zu Mango oder Zara, auch wenn die gerade so herrlich bunte Colourblocking-Kleider haben. Ich überlege, ob ich mir scharfe Unterwäsche kaufen soll und quasi selbst das Geschenk für Christian bin. Aber diesen Gedanken verwerfe ich schnell wieder. Damit würde ich mit einem Schlag 40 Jahre Emanzipation vernichten. Ich brauche eine gute Idee und zwar schnell.

Meine Mutter hat immer gaaanz tolle Ideen. Sie gibt sich wirklich Mühe. Aber anhand ihrer Geschenke merke ich, wie weit wir uns auseinandergelebt haben. Als ich 16 war, stand ich total auf Streifen. Ich hatte Ringelpullis, gestreifte Schweißbänder, Kleider, alles. Was mir damals noch fehlte, waren gestreifte Strumpfhosen im Pippi-Langstrumpf-Look. Wahrscheinlich war ich meiner Zeit voraus (oder hinterher), jedenfalls habe ich nie welche bekommen. Fast zehn Jahre später rief mich meine Mutter an: »Ich weiß ja, was du zum Geburtstag kriegst«, trällerte sie ins Telefon.

»Was denn?«

»Was ganz Tolles, das du dir schon immer gewünscht hast.«

Ich dachte an einen Laptop oder eine Indienreise oder eine limitierte Birkin Bag, so wie sie das Geschenk ankündigte. Als ich jedoch an meinem 26. Geburtstag die schwarz-weiß gestreifte Strumpfhose auspackte, konnte ich das hoffnungsfrohe Glänzen in den Augen meiner Mutter nicht reflektieren.

»Ach, Mama, die Streifenphase ist doch seit zehn Jahren vorbei.«

Ihr Lächeln gefror ihr so schnell im Gesicht, dass sich Gefrierbrand um die Mundwinkel bildete. Sie hatte wirklich gedacht, sie machte mir eine riesige Freude, und ich wollte nicht undankbar sein. Also zog ich das Beinkleid an und sah aus wie eine Mischung aus einem Panzerknacker und einem Streifenhörnchen. Seither bekomme ich von ihr für Klamotten nur noch Gutscheine.

Gutscheine sind eine scheinbar sichere Sache. Immerhin persönlicher als Geldgeschenke, da der Schenkende etwas aus dem Internet ausdrucken oder in einen Laden gehen muss, anstatt nur zum Geldautomaten. Aber einen Gutschein für den Liebsten? Dann müsste es schon etwas sein, von dem ich hundertprozentig weiß, dass es ihm gefällt. Eine Geschenkkarte von Karstadt kommt nicht in Frage. Vielleicht sollte ich Christians besten Freund Orhan anrufen, ob der eine Idee hat …

Orhan hat uns vor ein paar Wochen auf die Hochzeit seines Neffen Sahin mitgenommen. Wir kannten Sahin und seine Verlobte zwar nicht, aber Orhan meinte, das mache nichts. Es kämen sowieso über 1500 Menschen. Die Hälfte von denen hatte das Brautpaar noch nie gesehen. Geschenke zur Hochzeit sind extrem problematisch. Was schenkt man einem Paar? Noch dazu einem, das schon seit Jahren zusammenlebt und alle Küchengeräte bereits doppelt hat? In unserer Singlegesellschaft heiratet doch niemand mehr, um einen Hausstand zu gründen. Weddingplaner schwören ja auf diese Hochzeitslisten, auf denen man im Internet anklicken kann, was man schenkt und dabei praktischerweise auch gleich sehen kann, was die anderen so ausgeben. Ich möchte aber nicht, dass das Brautpaar weiß, was es mir wert ist. Wozu schwärzt man selbst bei Buchgeschenken die Preisangabe?

Die türkische Hochzeit war echt witzig. Die Mädels waren aufgebrezelt wie Schönheitsköniginnen. Schließlich sind Hochzeiten auch ein idealer Heiratsbasar. Damit der Angebetete die zukünftigen Bräute nicht qualmen sieht, rauchten sie dann sogar heimlich auf dem Damenklo. Man hätte dort glatt »Bridezillas im Nebel« drehen können. Die Herren der Schöpfung, abgesehen von der engeren Familie, gaben sich nicht so viel Mühe beim Styling. Ich habe junge Türken, pardon, Jugendliche mit Migrationshintergrund, in Flipflops und Jeans gesehen. Orhan sagte, da bei jeder türkischen Hochzeit um die 1000 Gäste kommen, findet quasi jedes Wochenende eine statt. »Die Jungs haben einfach keinen Bock, sich jeden Samstag in Schale zu schmeißen.«

Da wir das Brautpaar nicht kannten, fand ich es in Ordnung, einen kleinen Betrag zur Hochzeitsreise beizusteuern. 50 Euro verpackte ich in einer hübschen Geschenkschachtel und versah diese – sehr deutsch – mit einer Glückwunschkarte. Im Ballsaal angekommen, der so aussah wie Barbies Traumschloss, mussten wir uns jedoch in die lange Schlange der Gratulanten einreihen. Am Ende standen Braut und Bräutigam auf einem Podest und neben ihnen eine Art Moderator mit Mikrophon, der jedes Geschenk laut ansagte. Das war sogar noch öffentlicher als die Online-Geschenkliste. Noch dazu wurde die Gratulation auf einer Videoleinwand übertragen und jeder Gast mit dem Braut-paar fotografiert. Es dauerte zwei Stunden, bis wir uns zur Bühne durchgekämpft hatten. Mit den mickrigen 50 Euro kam ich mir knauserig vor, also überredete ich Christian, einen wei-teren Fünfziger in die Geschenkpackung zu stopfen. Der bärti-ge Moderator kündigte uns an: »Der nicht schwule Lebenspart-ner vom Onkel des Bräutigams väterlicherseits und dessen Freundin schenken 100 Euro.«

Den Trick mit dem Mikrophon muss ich mir unbedingt mer-ken, falls ich mal heirate.

Orhan hat leider auch keine Idee für mich, verrät mir aber, dass Christians Kumpel ihm zu seinem 30. Geburtstag einen Fall-schirmsprung schenken. Entweder wissen seine Freunde nicht, dass er unter Höhenangst leidet, oder das Geschenk soll dazu dienen, dass er seine Akrophobie überwindet.

Auf der Party zwischen Tequila und Zitrone heuchelt Christian Freude über den Fallschirmsprung vor. Nur ich sehe die Panik in seinen Augen und die Schweißperlen auf seiner Stirn. Zum Trost bekommt er von mir ein Geschenk, das ihm Tränen der Rührung in die Augen treibt. Mission erfüllt.

Mir war nämlich eine Geschichte eingefallen, die mir Christian bei unserem ersten Treffen erzählte. Als Christian zwölf war, starb sein Vater. Einige Monate vor seinem Tod hatte er seinem Sohn ein Elektroauto mit Fernsteuerung geschenkt. Christian hat es geliebt und jeden Tag damit gespielt, bis es irgendwann kaputt war und seine Mutter das Auto wegwarf. Er hatte lange geweint. Später hat mir Christian mal ein Foto von sich mit dem Auto gezeigt. Also fuhr ich in seine Wohnung und stellte zusammen mit Orhan die ganze Bude auf den Kopf, bis wir das Bild in einem Fotoalbum entdeckten.

Ich nahm es mit und klapperte alle Spielzeugläden Berlins nach so einem Elektrofahrzeug ab. Es ist immerhin 18 Jahre her, und man konnte das Modell nicht genau erkennen. Auf den meisten Spielzeugautos ist heute Bob der Baumeister drauf. Aber ein Verkäufer in einem Spielzeugladen konnte mir helfen. Er hatte als Kind selbst solch ein Auto und konnte sich an den Namen erinnern. Es hieß Thunder Racing 3. Das recherchierte ich sofort mit meinem smarten Phone und wurde fündig. Ein Spielzeugantiquariat (ich hatte keine Ahnung, dass es so etwas gibt) hatte ein Exemplar. Zwischen verstaubten Star-Wars-Figuren und Colt-Sievers-Trucks stand der Thunder Racing 3, sogar in der richtigen Farbe.

Christian sagt mir, das sei das schönste Geschenk, das er jemals bekommen hat, und wie unsagbar glücklich er ist, mich zur Freundin zu haben. Zwei Wochen später bereue ich das Geschenk aber beinahe schon wieder. Anstatt einen kuscheligen Fernsehabend mit mir zu verbringen, spielt Christian nur noch mit seinem Elektroauto. Er baut zusammen mit Orhan sogar Rampen aus Backblechen und lässt den Thunder Racing 3 darüber fahren. Jungs bleiben eben Jungs. Auch wenn sie schon 30 sind.

# Assessment-Center

°°°°°°°°°

S onntag, 10.30 Uhr. Berlin-Mitte. Ich betrete ein hohes Glas-
und-Stahl-Gebäude. Die glatte Fassade erinnert mich an
New York, aber nicht an das glamouröse, farbenprächtige
Broadway-Sex-and-the-City-5th-Avenue-New-York, sondern
an die bläuliche, kalte Atmosphäre der Wallstreet. Jederzeit
könnte sich ein hemdsärmeliger Broker aus dem Fenster der 37.
Etage stürzen, weil er den Stock Market Crash eh nicht überle-
ben würde. Heute findet mein Abschlussgespräch nach einem
harten Assessment-Center-Wochenende statt. Mal sehen, ob
ich in 30 Minuten auch suizidale Absichten habe.

Zwölf Kandidaten mit gefühlten 50 Ellenbogen boxen sich
seit Freitagmittag durch Aufgaben, die so kalkuliert sind, dass
sie nicht zu schaffen sind. Das Ganze ist mehr ein Stresstest
als eine Qualifikationsprüfung. Ich hatte angenommen, wir
beginnen mit netten Kennenlernspielchen, trinken Apfelsaft
aus diesen meetingtypischen Miniaturglasflaschen und reden
über unsere Hobbys. Stattdessen wird gleich zu Beginn ein
armes Opfer, eine lockige Dame um die 40, von den Prüfern
herausgepickt und vor der Gruppe zum Sündenbock gemacht.
Jeder von uns soll nacheinander eine im doppelten Sinne möglichst treffende Einschätzung zu dieser unbekannten Person
geben.

»In der Werbung geht es um präzise Beobachtung«, erklärt uns
der männliche Prüfer. »Das Produkt muss strengstens analy-

siert, seine Stärken und Schwächen beyond the obvious aufge-
bohrt werden, bevor wir es dem Customer präsentieren.«

»Stellt euch vor, sie ist das Produkt, das ihr verkaufen müsst.
Was fällt auf?«, fragt die weibliche Prüferin.

Soll das eine Fangfrage sein? Es fällt mir nämlich verdammt
schwer, einen Menschen als Produkt zu sehen. Aber meine Mitbewerber hämmern auf die ahnungslose Omega-Identität, so
nennt man in der Gruppendynamik den Sündenbock, ein. Hätten wir Lendenschurz getragen, wäre es original wie bei *Herr
der Fliegen*.

»Ihr grauer, nicht mehr ganz neuwertiger Hosenanzug sagt mir,
dass sie entweder schon lange nicht mehr bei einem Bewerbungsgespräch war und vermutlich arbeitslos ist oder aber in
einem anderen Arbeitsumfeld tätig ist, in dem auf Business-
kleidung nicht viel Wert gelegt wird. Daher ist sie wahrscheinlich Hausfrau oder eine ältere Studentin«, folgert eine hippe
Asiatin mit blondiertem Bob. Da hast du die Konkurrentin ja
gleich mal schön schikaniert, denke ich.

»Ihre Statur wirkt sportlich, aber nicht attraktiv, ihre Frisur ist
altmodisch. Sie trägt wenig Make-up, ihre Augenbrauen sind
ungezupft. Vermutlich versteckt sie ihre Weiblichkeit, um kompetent zu wirken«, sagt eine etwa 25-jährige junge Milde mit
Nerdbrille, die selbst nicht gerade der Inbegriff von Weiblichkeit ist.

Einer der Kandidaten, ein schlaksiger Typ Mitte 30, bittet darum, ihren Schädel abtasten zu dürfen. Er kenne sich in der Phrenologie aus. Diese Pseudowissenschaft glaubt, dass sich Hirn-
funktionen auf die Schädelform auswirken. Eine hohe Stirn ließe
also auf hohe Intelligenz schließen, ein flacher Hinterkopf hingegen auf Depressionen. Er will Dellen und Beulen am Kopf der
Probandin ertasten und somit auf ihre Intelligenz, Kreativität
und sexuelle Ausrichtung schlussfolgern. Ich finde das ganz

schön nazimäßig und sage das auch: »Bevor Dr. Mengele hier Hand anlegt, möchte ich sagen, dass ich Werbung immer als etwas Positives verstanden habe.« Meine Mitbewerber rollen mit den Augen, als hätte ich Gänseblümchen verteilt. »Im Ernst, es geht doch darum, Sympathien zu wecken und gleichzeitig zu provozieren, damit die Werbung im Gedächtnis bleibt. Für mich ist diese Frau eine Anwältin. Ich würde ihre Kompetenz und Natürlichkeit unterstreichen. Etwa: kein Supermodel, aber ein Gerichtssaal ist ja auch kein Laufsteg.«

»Das ist doch reichlich blauäugig«, wirft Dr. Mengele ein. Der muss es ja wissen.

Das Spiel wird aufgelöst. Die lockige Dame stellt sich als Vice Creative Director der Werbeagentur vor und bedankt sich bei den Kandidaten für die schmeichelhafte Analyse. Die blonde Asiatin beißt sich auf die Lippen.

Anschließend sollen wir Persönlichkeitstests via Fragebogen ausfüllen. Ich freue mich, denn darin bin ich Spezialistin. Ich mache ständig diese »Welcher Jahreszeitentyp bin ich?«-, »Welcher Hund passt zu mir?«-, »Welche Farbe hat meine Aura?«- und »Wie wirke ich auf Männer?«-Tests in Frauenzeitschriften. Ich wusste, irgendwann zahlt sich mein Abo der *Cosmopolitan* mal aus! Die Antworten von Persönlichkeitstests sind nämlich extrem einfach zu durchschauen. Ich überlege mir vorher, dass ich ein Frühlingstyp sein will, kreuze dann die Antworten an, die nach Frische, Neuanfang und Pastellfarben klingen, und siehe da: 100 Punkte. Ich bin ein Frühlingstyp.

Da der Persönlichkeitstest im Assessment-Center wahrscheinlich ebenso einfach zu manipulieren ist, besteht die eigentliche Aufgabe darin, richtig einzuschätzen, welche Eigenschaften für die Vakanz von Vorteil wären. Es wurde eine Stelle als Junior Assistent in der Kreativabteilung ausgeschrieben. Also geht's um kreatives Kaffeeholen und einfallsreiches Ablagensortieren.

Ich würde einen Junior Assistent wollen, der fleißig und flexibel ist, innovative Ideen hat, aber kein allzu großer Klugscheißer ist. Zu meinem Unmut darf ich den Test jedoch nicht alleine ausfüllen, sondern muss ihn gemeinsam mit der hippen Asiatin machen. Die ist garantiert ein Wintertyp, so finster wie sie dreinblickt. Nach einem kurzen Gespräch (sie heißt Mee, hat eine Weizenallergie, steht auf den Eurovision Song Contest, und ihre Eltern stammen aus Korea) sollen wir uns selbst einschätzen und gleichsam das Gegenüber.

Die Prüfer spielen uns schärfer gegeneinander aus als Heidi Klum ihre Nachwuchsmodels. Wir bekommen diverse Statements und müssen auf einer Skala von eins bis fünf ankreuzen, wie sehr die jeweilige Aussage auf uns selbst und die andere zutrifft. Erstes Statement: Neigt dazu, andere zu kritisieren. Da gebe ich mir zwei und ihr liebevolle fünf Punkte. Trifft zu. Sie hat ja gerade erst die Vize-Chefin kritisiert. Zweitens: Ist gesprächig, unterhält sich gern. Die Frage checkt, ob jemand Bürotratsch verbreitet und die Mittagspause überzieht. Ich gebe mir drei und ihr fairerweise einen Punkt. Mee wirkt nicht, als ob sie sich leicht Freunde macht. Ihr Name wird wie das englische »mich« ausgesprochen und schreit geradezu Egoismus! Drittens: Erledigt Aufgaben gründlich. Da müsste ich mir eigentlich null Punkte geben. Als Kiffer-Barbie und Miss Geschicklichkeit in Personalunion krieg ich so gut wie nix gründlich hin. Aber Ehrlichkeit währt hier nicht sehr lange. Also mache ich Werbung für mich selbst und gebe mir vier von fünf Punkten. Trifft meistens zu. Sie kann ich diesbezüglich schlecht einschätzen. Spontan denke ich, Asiaten neigen ja dazu, fleißig und produktiv zu sein. Meine Schwester Caro würde mir den Hals umdrehen für diesen Gedanken.

Die Zeit ist um, und ich habe nur 27 von 43 Fragen geschafft. Also kreuze ich, während schon eingesammelt wird, schnell überall drei bis vier Punkte an und gebe ab. Ich glaube, ich hab mich dabei selbst als sehr religiös und wenig kontaktfreudig dargestellt. Dabei ist laut *Cosmopolitan* meine Aura lila, was auf Extrovertiertheit hindeutet.

Am zweiten Tag steht die Postwurfübung auf dem Programm. Ich nehme mir vor, dieses Mal weniger zu denken und mehr zu handeln. Ich bekomme einen Stapel Post und muss die einzelnen Briefe und Terminverpflichtungen nach Dringlichkeit und weiterer Vorgehensweise sortieren. Ignorieren, sofort erledigen, delegieren oder aufschieben. Okay, eine Einladung zu einem PR-Event. Aufschieben – wenn man später zusagt, ist man interessanter. Besuch eines Vertreters. Ignorieren – die kommen eh wieder. Planung der Betriebsweihnachtsfeier. Delegieren. Da sollen mal alle schön mithelfen. Dann wird's knifflig: Meeting mit dem Creative Director und Kind abholen fällt auf dieselbe Uhrzeit. Böse Fangfrage. Entweder ist man herzlos oder unprofessionell. Ich habe zwar noch keins, entscheide mich aber für Kind abholen gleich erledigen und male bei dem Meeting mit dem Chef ein Telefon daneben. Entweder sie finden das süß, oder ich komme nicht in den Recall.

Nachdem die Post erledigt ist, sollen wir Rollenspiele machen. Ich denke natürlich sofort an Susannes Sexy-Sekretärinnen-Getue und muss schmunzeln. Doch das Lächeln vergeht mir schnell, als ich die junge Milde mit der Nerdbrille zugeteilt bekomme und von ihr gekündigt werden soll. Dabei bin ich doch noch nicht mal eingestellt. Es wird also doch pervers. Ich nutze das Kündigungsgespräch als Bewerbungsgespräch und weise auf meine vielfältigen Interessen und Kompetenzen hin und was für ein Gewinn ich doch für das Unternehmen bin. Ich improvisiere voll drauflos und erfinde ein Projekt, an dem ich gearbeitet habe: die Werbung für den neuen Backgrounddesigner von Skype. Die Telefonisten sitzen dabei in einer Art Greenbox und werden live vor einen beliebigen Hintergrund gesetzt. Dann kann man unter Palmen, vor einer nächtlichen Skyline oder in einem schicken Büro telefonieren. Bloß gut, dass ich so viel mit Christian geskypt hab. Die Nerdbrille ist sprachlos. Ich haue ihr sogar ein paar Werbebranchenfloskeln um die Ohren, die ich während der beiden Tage aufgeschnappt habe.

»Ich habe eine starke Präferenz für einen Market-Maker-Ansatz. Das Slide ist sexy, wenn wir das noch ein bisschen aufhübschen, können wir das präsentieren. Sind Sie mit mir? One face to the customer hat hohe Importanz.«

Ich habe keine Ahnung, was ich da fasele, aber das haben die Werbeagenten wahrscheinlich auch nicht.

Sonntag, 10.45 Uhr. Ich sitze vor dem Büro, in dem gleich das eigentliche Auswahlgespräch stattfindet, und versuche, das Zittern meiner Knie zu unterdrücken. Soll ich noch mal auf Toilette? Ach nein, ich werde bestimmt gleich aufgerufen. Nicht, dass ich mit Rock in der Strumpfhose oder Klopapier am Absatz ins Büro stolpere. Ich kenne meine Fettnäpfchen. Die Tür öffnet sich, und der vorherige Kandidat verlässt den Raum. Es ist der Mittdreißiger mit der Phrenologie. Er wirkt kreidebleich und schüttelt den Kopf, als hätten die Prüfer seinen Schädel abgetastet.

»Viel Glück.« Er sagt das weder ironisch noch nett. Eher als Warnung. Jetzt hab ich richtig Schiss.

»Kommen Sie bitte?« Die gelockte Vize-Kreativ-Direktorin holt mich herein. Vielleicht habe ich ja einen Stein bei ihr im Brett, weil ich sie als Einzige positiv bewertet habe.

»Erklären Sie uns doch bitte, warum Sie so oft das Studienfach gewechselt haben.«

Okay, kein Stein im Brett. Sie sitzt mit den beiden Prüfern an einem dominanten Konferenztisch, und ich schrumpfe einige Zentimeter.

»Ich bin an sehr vielen Dingen interessiert und wollte in diverse Themen einen Einblick gewinnen. Ich denke, dass diese Eigenschaft in der Werbung von Vorteil ist«, antworte ich wie aus der Pistole geschossen. Mein Training mit Susanne hat gewirkt.

»Oder es bedeutet, dass Sie nicht zielorientiert arbeiten. Wer sagt uns denn, dass Sie nicht mitten in einem Projekt alles hinschmeißen, wenn es Sie nicht mehr interessiert?«, fragt der männliche Prüfer. Aua, das ist mein wunder Punkt. Ich will jedoch weder eine Beichte ablegen noch rumzicken, sondern lieber sachlich bleiben.

»Ich versichere Ihnen, ich kann zielorientiert arbeiten. Kreative Ideen und plurale Interessen bringen nichts, wenn man sie nicht auch umsetzen kann. Wie Sie durch meinen Persönlichkeitstest sicher bemerkt haben, bin ich sehr verantwortungsbewusst und würde weder meine Kollegen noch einen Kunden hängenlassen.«

Das mit dem Verantwortungsbewusstsein war gepokert. Keine Ahnung, was mein Persönlichkeitstest ergeben hat. Vielleicht, dass ich Hundewelpen quäle und Kettenraucherin bin. Nach zehn weiteren kniffligen Minuten werde ich vom Haken gelassen. Mein Oberteil ist von sintflutartigen Schweißflecken durchtränkt. Ich bin total dehydriert. Dem draußen wartenden Bewerber wünsche ich ebenfalls viel Glück. In dem gleichen Tonfall wie der Kandidat vor mir.

Erst eine Woche später bekomme ich Bescheid. Ich bin sehr versucht, vorher anzurufen. Aber Christian hält mich davon ab. Ich solle mich rarmachen. So tun, als hätte ich den Job nicht nötig.

»Natürlich hab ich den Job nötig. Ich hab mich bereits bei allen Werbeagenturen beworben, die es gibt. Ich will nicht auf ewig Pauschalurlauber glücklich machen.«

Mein Telefon klingelt. Es ist die weibliche Prüferin. Sie bedankt sich für meine Teilnahme am Assessment-Center. Das heißt nichts Gutes. Diese Dankesfloskeln sollen doch bestimmt nur die Absage weichspülen. Bei einer Zusage heißt es doch gleich: »Wir freuen uns, Ihnen mitteilen zu dürfen ...« Hab ich jedenfalls gehört.

»Sie haben sich gut geschlagen, die Postwurfübung und das Rollenspiel sehr gut erledigt, und obwohl Ihr Persönlichkeitstest einige Fragen aufwarf, haben wir uns dazu entschlossen, Ihnen eine Stelle in unserer Agentur anzubieten.«

»Wahnsinn. Ich hab's geschafft! Endlich bin ich Werbeagentin.« Ich springe zu Christian, der auf meiner Couch entspannt, und hüpfe auf der Stelle. Ich kann mich nicht beruhigen. Ich schreie und hyperventiliere, und Christian muss mich wie einen Footballspieler umwerfen, damit ich endlich Ruhe gebe. In seinen Armen heule ich vor Glück und Entspannung.

»Ich hab endlich was auf die Reihe gekriegt. Vielleicht bin ich doch keine Kiffer-Barbie.«

»Wer sagt denn so was? Das bist du auf keinen Fall! Du bist eine beeindruckende Frau, sexy, klug, und du hast ein verdammt großes Herz.« Mein Liebster und ich küssen uns mit der Innigkeit eines Schwanenpaares. Seine Worte sind Balsam für Miss Geschicklichkeits Seele.

Als Junior Assistent bin ich am Empfang, sortiere die Post (das kann ich ja so gut) und schreibe die Protokolle der Brainstormings. Ein eigenes kleines Projekt habe ich auch schon bekommen. Ich darf die Facebook-Seite der Agentur gestalten und regelmäßig mit Informationen füttern. Die blonde Asiatin Mee wurde auch genommen. Sie arbeitet in der Human-Resources-Abteilung und arbeitet den Prüfern der Assessment-Center zu. Ich werde irgendwie nicht so ganz warm mit ihr. Wenn ich mit ihr spreche, gibt sie überhaupt keine Zuhörsignale, von einer emotionalen Regung ganz zu schweigen. Das macht mich wahnsinnig. Aber mein Job macht mir großen Spaß. Bei den Meetings halte ich meine Augen und Ohren offen, lerne die Abläufe und die Denke der Branche. Und lasse es mir nicht nehmen, eigene Vorschläge zu machen. Außerdem vertiefe ich meine Kenntnisse in der lustigen Welt der Werbesprache: »Da musst du noch mal hirnen. Change the midset. Are we all on the same page? Klären wir das bilateral und make it happen. Das gilt gerade auch für High Potentials …«

# Friseurmafia

●●●●●●●●●

Hab ich eigentlich schon erwähnt, dass ich eine Blondine bin? Geboren wurde ich allerdings als Dunkelblondine. Ich leide, wie circa ein Drittel der deutschen Frauen, an dieser aschigen Straßenköterhaarfarbe, die Frau einfach färben muss, wenn sie nicht gerade auf einem Bio-Bauernhof lebt oder Mitglied der Kelly Family ist. Eines schönen Tages am Morgen der Pubertät, wenn sie gerade die Metallzahnspange abgelegt und ihren ersten Kuss gekriegt hat, muss sich die Aschblondine entscheiden. Heller oder dunkler? Wirst du eine blonde Sexbombe mit sämtlichen Vorurteilen oder doch eher die nette Brünette?

Mit 13 Jahren entschied ich mich, dass ich mich nicht entscheiden kann, und wurde erst einmal rothaarig. Die Hexenhaarfarbe! An Pumuckl hatte ich gar nicht gedacht. Mich faszinierten damals Tarotkarten und Magie. Und das war, lange bevor es *Harry Potter* und Merchandising-Zauberstäbe gab.

Mit meiner besten Kindheitsfreundin Isabel verabredete ich mich einmal zu einem Liebeszauberritual. Davon hatten wir in der *Bravo Girl* gelesen. Pflichtlektüre auch für mich, obwohl ich nie ein Fan von Boygroups war. Ich fand diese gecasteten Jungs in weißen Pumphosen und nackten Oberkörpern, die wahlweise an einem Strand oder in einer romantisch-versifften Fabrikhalle rumhüpften, damals schon abtörnend. Ich stand mehr auf Bon Jovi. Die empfand ich damals als sehr düster.

In der *Bravo Girl* jedenfalls war zu lesen: Verbrennst du die Haare des Jungen, in den du verliebt bist, dann verliebt er sich auch in dich. Also klauten wir während des Sportunterrichts den Kamm unseres gemeinsamen Schwarms aus der Umkleidekabine, sammelten seine Haare ein und zauberten drauflos. Die Zeitschrift riet, die Haarsträhne um Mitternacht mit Melissenkraut und Blütenblättern in einem Kupfertopf zu vermischen und dann einen Zettel anzuzünden, auf dem der Name des Jungen steht. Das brennende Papier werfe man dann in den Topf und denke ganz fest an den Liebsten.

Haben wir getan. Ganz, ganz fest. Funktioniert hat es leider trotzdem nicht. Vielleicht lag es daran, dass wir keine Melisse finden konnten, sondern nur ein Erkältungsbad mit ätherischem Melissenöl, und die Blütenblätter waren ein Potpourri, das nach Oma roch. Außerdem musste Isabel um Mitternacht längst zu Hause sein, weshalb wir unser Ritual an einem Samstagmittag durchführten. Als wir gerade die Haare anzündeten, rief mich meine Mutter, ich solle den Müll rausbringen.

Ich war lange rothaarig. Bestimmt drei Monate. Aber als sich die Farbe langsam rauswusch, wurde mein Haupthaar unfreiwillig pink. Ich sah aus wie Enie van de Meiklokjes. Irgendwann schleifte mich meine Mutter zu unserer Dorffriseuse, die in meiner Erinnerung genauso aussah wie die Frau vom Blumenladen, meine Mathelehrerin und die Postbotin. Und ich fragte mich immer wieder, ob nicht vielleicht doch was dran ist an den Inzestgerüchten auf dem Land. Jedenfalls schlug mir die Expertin für Haarprobleme zwei Möglichkeiten vor. Erstens: abschneiden.

»Ein trendiger Kurzhaarschnitt mit toupiertem Hinterkopf, bei dem du dir die Koteletten keck ins Gesicht zupfen kannst!«

»Hilfe, nein!«, schrie es aus mir. Ich wusste genau, was sie meinte. Diese Fahrradhelmfrisur, die heute noch gerne übergewichtige Beamtinnen tragen, weil sie dann so »frech« aussehen. Schrecklich! Außerdem bin ich kein Beatle, was soll ich also mit Koteletten? Und das Wort »keck« ist mindestens seit den Fünfzigern out. Ihr zweiter Vorschlag war, die Farbkatastrophe auf meinem Kopf einfach zu färben. Das klang schon besser.

»Deine Naturhaarfarbe kann man nicht färben. Da werden die Haare grün«, klärte sie mich auf. »Wir müssten also einige Nuancen heller werden.«

Und so wurde aus meinem dunklen Pink ein strahlendes Orange – und aus mir eine von diesen Technotussen. Es fehlte nur noch eine grüne Monobraue, und ich hätte als Marusha durchgehen können.

»Du musst jetzt regelmäßig zum Nachfärben kommen – und in ein paar Monaten bist du dann blond.«

»Monate?«, stammelte ich. Monate sind für einen Teenager Jahrzehnte. Aber tatsächlich, vier Jahrzehnte später war ich blond, so richtig hellblond und damit Leibeigene der Friseurindustrie.

Die blondierte Frau hat einfach keine Wahl. Um den ständigen Kampf mit dem dunklen Ansatz zu gewinnen und nicht wie eine polnische Prostituierte auszusehen, ist ein Friseurbesuch spätestens aller vier Wochen Pflicht. Das ist nervig, zeitaufwendig und kostet auf die Dauer so viel wie ein Kleinwagen. Aber das Gemeinste daran ist, dass diese Farbdealer, die einen erst süchtig gemacht haben, einem dann jedes Mal aufs Neue sagen, wie kaputt doch die Haare durch das viele Färben sind.

Die Friseurmafia ist verdammt gut organisiert. Es gibt Billigfriseure, bei denen ein Standardhaarschnitt acht Euro kostet und der Kunde selbst föhnen muss. Diese tragen meist so kreative Namen wie Haargenau, Haarscharf, Um Haaresbreite oder der Gipfel der schöpferischen Eingebung: Haarem. Bei teureren, aber nicht weniger ranzigen Trendfriseuren in Szenevierteln zieht man meist eine Nummer aus einem echten Wartemarkenautomaten, der in irgendeinem Arbeitsamt abgeschraubt wurde. Friseure, die eigentlich Tänzer-Schrägstrich-Musical-Darsteller sind und sich zum Haarschneiden herablassen, bieten dir einen Platz auf einem aufgerissenen Retro-Ledersessel an und offerieren stylische Vokuhila-Matten, Emo-Frisuren à la Tokio Hotel, bei denen immer mindestens ein Auge bedeckt sein muss, oder sogar eine Mönchstonsur.

Und dann ist da die höhere Preisklasse. Meine Mutter hat mal einen Termin bei einem Starfriseur gemacht – und ich musste mit. In einem furchtbar altmodischen Laden am Ku'damm wurden wir von Miss Playboy '68 begrüßt, die uns ein Glas Prosecco anbot und nach einer halben Stunde den Meister zu uns geleitete. Er leierte schnell und unverständlich alle möglichen Namen von Stars und Sternchen runter, von denen ich einige noch nie gehört hatte. Trotzdem machte meine Mutter bei jedem Namen »Oh« und »Ach!«.

Ich glaube, er verglich Mama unter anderem mit Iris Berben. Ist ja nicht das schlechteste Kompliment, abgesehen davon, dass Teile dieser Frau bereits sechzig sind und meine Mutter zehn Jahre jünger ist. Jedenfalls musste sich Mama hinstellen und den Kopf hängen lassen, als er sie bearbeitete. Das Ergebnis war ein ganz ordentlicher Haarschnitt. Wichtiger waren aber wohl das Erlebnis und die vielen Anekdoten, die meine Mutter daraufhin erzählen konnte. Eines hat jede Art von Friseursalon jedoch gemeinsam. Wenn Frau den Figaro bittet, nur etwas die Spitzen zu kürzen, dann bekommt sie zu hören: »Drei bis vier Zentimeter müssen da mindestens runter! Du willst doch gepflegt aussehen, Schätzchen!«

Was soll Schätzchen da antworten? Nein, ich will ungepflegt aussehen? Und schwups ist wieder einmal ein Vierteljahr wertvoller Haarzucht der Schere zum Opfer gefallen. Dass ich meine Haare nicht genug pflegen würde, kann nun wirklich niemand ernsthaft behaupten. Ganz im Gegenteil. Ich habe jedes auf dem Markt erhältliche Pflegeprodukt ausprobiert: Glatt intense, Colour treatment, Drei-in-eins-Shampoos, Vier-in-eins-Shampoos, Long & Strong, Blond & Beautiful, Smooth Infusion, Spitzenfluid, Föhnlotion, Hitzeschutzspray, Betonceramide, Fruchtsäuren und sogar einmal eine unverschämt teure Haarmaske mit Seidenproteinen, die ich über Amazon aus Neuguinea bestellte. Später habe ich erfahren: Die wurde an Meerschweinchen getestet. Wirkt daher leider nur bei Meerschweinchenfell.

Eine Freundin von der Uni schlug mir vor, Haarmodell bei einer Naturkosmetikfirma zu werden. Die haben angeblich ganz tolle Naturhaarfarben, die überhaupt nicht schädlich sind, und wenn man sich bereit erklärt, sich von den Auszubildenden bedienen zu lassen, zahlt man gar nix. Na gut, dachte ich, einen Versuch ist es wert.

Ich komme in den Salon, in dem emsige, angehende Friseurinnen und Friseure wie Bienchen umherschwirren und den Kundinnen grünen Tee mit Algenaroma reichen. Mein Bienchen heißt Thorsten und ist so schwul wie der Hüftschwung von Patrick Swayze. Die kleine Drohne mit Irokesenschnitt, Pali-Tuch und Skinny-Jeans führt mich in dem sonnigen Loft zu einem weißen, ovalen Spiegel, vor dem ich Platz nehmen soll. Dann kommt Thorstens Chefdrohne und begutachtet meine blonde Haarpracht.

»Da ist ja gar keine Substanz mehr!«, meckert der Bienenkönig und schubst meinen Kopf dabei unsanft nach vorne. Ohne mich zu fragen oder überhaupt nur anzusehen, entscheidet er über mein haariges Schicksal.

»Das färben wir dunkelblond mit Lowlights, danach Schnitt.«
Und weg ist er.
»Stopp mal, dunkelblond? Meine Naturhaarfarbe?«, frage ich.
»Die kann man doch nicht färben!«
»Doch, na klar! Ich geh mal anmischen, das wird dir gefallen!«
Auch Thorsten schwirrt davon. Ich sehe in den Spiegel. Noch
kann ich aufstehen und gehen. Will ich wirklich wieder dunkelblond sein? Back to nature? Auf meinen Blondinenbonus verzichten? Andererseits könnte ich mich dann endlich aus den
Fängen der Haarmafia befreien, müsste nicht ständig nachfärben. Seit meinem Pink-Orange-Fiasko mit 13 habe ich keine
größeren Haarexperimente mehr gewagt. Das Mutigste war,
mir den Pony selbst zu schneiden. Damit hab ich gegen eine
jener Grundregeln verstoßen, die in meiner Familie von Generation zu Generation weitergegeben werden. Erstens: Iss nie
gelben Schnee. Zweitens: Schneid dir nie selbst den Pony. Drittens: Wärm Spinat nicht auf, und viertens: Wenn du im Winter
kein Unterhemd trägst, bekommst du Polio. Ich aber kürzte
mir vor einiger Zeit aus Lust und Laune mit einer gebogenen
Nagelschere – wie blöd kann man sein – die Frontpartie meines
Schopfes. Der Pony war eher ein schiefes, kränkliches Fohlen,
also schnitt ich nach, und es wurde noch schiefer. Letztendlich
hatte ich einen Mikropony wie Amélie und trug ein halbes Jahr
lang Hüte und Mützen.
Thorsten kommt mit einer bläulichen Creme zurück, die genauso riecht wie die Blondierung meines bisherigen Friseurs. So viel
Natur kann da auch nicht drin sein, denke ich, als mir der Friseur-
lehrling die Farbe aufträgt. Es wird erstaunlich dunkel.
»Das sieht nur so aus, das wird dann wieder heller nach dem
Waschen!«
Aber ich bin skeptisch. Nach dem Ausspülen sieht mein Schopf
nämlich richtig schwarz aus.

»Das wird heller, wenn's trocken ist.« Das Zittern in Thorstens Stimme verheißt nichts Gutes. Als er die ersten Strähnen getrocknet hat, wird die Katastrophe offensichtlich.

»Das ist braun!«

»Nee, also eigentlich ist das genau deine Naturhaarfarbe.«

»Nein, ist es nicht. Ich war noch nie brünett. Was soll das?«

»Ich kann ja mal den Chef fragen!« Und er summt davon.

»Sieht doch gut aus!«, bestätigt der Chef den Fehler seiner Azubiene. »Das ist mal eine schöne satte Haarfarbe.«

»Das ist braun! Sie sagten, wir färben dunkelblond!«

Er beharrt darauf, die richtige Farbe ausgesucht zu haben, und zeigt mir eine abstruse Tabelle mit Minihaarsträhnen in allen Regenbogenfarben. Ich koche vor Wut. Meine Haare sind so brav wie Bambi und so abstoßend wie ein SS-Hemd. Mein ganzes Gesicht hat sich verändert. Hatte ich schon immer solche Pausbacken? Dummerweise kann ich nicht mal mein Geld zurückverlangen, ich habe ja nichts dafür bezahlt. Bleibt mir also nur, vorerst als Brünette weiterzuleben.

Auf dem Weg nach Hause erschrecke ich, als ich mein Spiegelbild im U-Bahn-Fenster sehe. Irgendwie habe ich auch das Gefühl, dass man mich ignoriert. Als ich aus der Bahn aussteigen will, drängeln sich die zusteigenden Fahrgäste rein und lassen mich einfach nicht raus, so dass ich eine Station zu weit fahre. Um mich zu trösten, mache ich beim Starbucks halt. Aber der Barista, der mich bereits seit vier Jahren jeden Tag bedient, übergeht mich zweimal, bis ich endlich meinen tall entkoffeinierten Caramel-Macchiato mit Schokotopping to go bekomme. Blondinen bevorzugt? Das kann doch nicht sein.

Kurz vor meiner Haustür angekommen, höre ich Christians Stimme von weitem. »Was hast du denn gemacht?«

Na, wenigstens hat er mich erkannt. Ich kann aus seiner ersten

Reaktion jedoch nicht ablesen, ob er »es« gut oder schlecht findet.

»Krass, ich hab 'ne neue Freundin!«

Es gefällt ihm wohl. Wenn auch auf eine abstruse Art. Als wir in dieser Nacht miteinander schlafen, mache ich mir Sorgen, er könnte an seine brünette Ex-Freundin denken. Aber laut einer Studie sind Männer genetisch so programmiert, während des Aktes weder Cellulite noch Fettpölsterchen zu registrieren. Da wird er ja wohl kaum auf meine Haarfarbe achten. Aber ich *fühle* mich anders ...

Am nächsten Morgen krame ich mein einziges rotes Shirt heraus, das ich noch nie getragen habe, weil eine Blondine in Rot zu sehr nach Beachtung schreit. Aber zu einer Braunhaarigen passt es. Dazu kombiniere ich einen gepunkteten Schal und einen Bleistiftrock. Ich empfinde mich très française. Fast hätte ich mir ein Baguette unter den Arm geklemmt.

In der Werbeagentur, in der ich seit acht Wochen arbeite, grüßt mich nur die Hälfte der männlichen Mitarbeiter, und die Kolleginnen fragen, ob ich mich getrennt hätte. Von wegen. Ich habe ja gar keine Veränderung gewollt. An meinem neuen Look ist nur dieser unprofessionelle Bienenstock schuld. An diesem Tag hat ein Grafiker Geburtstag und verteilt Sekt und Kuchen an alle, außer an mich. Das war sicher ein Versehen. Zur Mittagspause gehe ich mit meinen blonden Kolleginnen Tina und Mee in den Park. Ich mag Tina sehr. Sie ist Sekretärin, hortet Unmengen von Schokolade in ihrer Schreibtischschublade und spricht mit leicht bayrischem Akzent. Mee hat sich irgendwie selbst eingeladen, mit uns mitzukommen, und die lebensfrohe Tina wollte ihr keine Abfuhr erteilen. Also gebe auch ich mir große Mühe und teile meinen Toast mit ihr. Mee ist jedoch allergisch auf Weißbrot und lehnt vorwurfsvoll ab. Stimmt ja, hatte ich vergessen.

Wir sitzen auf der Wiese, reden über Sonnencreme und Mees Allergien. Da muss ich feststellen, brünett zu sein, ist lebensgefährlich. Ein Trike-Fahrer gurkt auf dem Rasen herum und verliert die Kontrolle über sein merkwürdiges Gefährt. Was soll das überhaupt sein? Ein Motorrad mit Stützrädern? Ein Auto ohne Karosserie? Jedenfalls rast dieses Vehikel auf mich und die beiden Blondinen zu und steuert genau mich an. Selbst der Golden Retriever, der ein Stück weiter links im Gras liegt und Intimpflege betreibt, blieb verschont. Was soll das? Natürliche Auslese? Haben Brünette keine Daseinsberechtigung? Ich kann gerade noch beiseitespringen, wobei sich der Schlitz meines Bleistiftrockes um einige Zentimeter höher Richtung meines Hinterns frisst, sonst wäre ich überfahren worden.

Sofort mache ich einen Termin bei meiner gewohnten Friseurin aus. Scheiß auf Naturhaarfarben und Experimente. »Einmal Blondieren bitte!«, sage ich kleinlaut und sehe die, der ich untreu gewesen bin, im Spiegel an.

»Oh, na, da werden deine Haare aber ganz schön kaputtgehen. Am besten wir schneiden prophylaktisch mal drei bis vier Zentimeter ab.«

Strafe muss sein.

# Parkhaus des Grauens

○○○○○○○○○

Ich bin mit meinem Freund Toby im Kino in der Kulturbrauerei verabredet. Verdammt, ich muss schon wieder nach Prenzlberg, und es regnet auch noch in Strömen. Dummerweise kräuseln sich nach jedem Regenguss meine jetzt wieder blonden Haare zu einer unfreiwilligen Dauerwelle à la Tina Turner, deshalb nehme ich mein Auto. Wie immer ist die Schönhauser Allee eine einzige Baustelle, und es geht nur stockend voran. Das Chaos aus Kinderwägen, der bimmelnden Tram, beschlagenen Scheiben und vom Staukoller befallenen Autofahrern an diesem Regenabend macht mich wahnsinnig. Ich habe mich auch viel zu warm angezogen. In meiner lila Daunenjacke hätte ich glatt Amundsen auf einer Nordpolexpedition Gesellschaft leisten können. Die nasse Straße spiegelt die roten Rücklichter wider, und im Radio läuft *Driving home for Christmas*. Dabei haben wir Oktober. Aber ich schätze, wenn die Supermärkte das Fest der Liebe spätestens am 31. August einläuten dürfen, haben die Radiosender auch das Recht auf ein wenig vorweihnachtlichen Kitsch. Ich bin spät dran und sage Toby Bescheid.
»Ach, das ist ja mal wieder typisch Frau!«
Er spielt Entrüstung. Dabei ist er derjenige, der planmäßig auf jede Party zu spät kommt, denn: »Die Prinzessin betritt immer als Letzte den Ball, damit alle Augen auf sie gerichtet sind.«
Ich will meine Prinzessin Toby nicht warten lassen und fahre Richtung Parkhaus. Aber nein, auf der Anzeigentafel blinkt

»Besetzt« in roten Radioweckerbuchstaben. Mist! Anscheinend bin ich nicht die Einzige, die ihre Frisur vor dem Regen retten wollte. Aber was mache ich jetzt? Einen Parkplatz am Samstagabend im Prenzlauer Berg zu finden ist so unmöglich, wie sich den eigenen Ellenbogen zu lecken. Lediglich in den Ferien, wenn die zugezogenen Schwaben gen Süden fliehen, gibt es Parkmöglichkeiten zuhauf. Ein Spaßvogel hat mal zur Ferienzeit an jedem freien Stellplatz ein Schild aufgestellt: »Danke Sindelfingen!«, »Danke Stuttgart!«.

Ich überlege, wo sich das nächste Parkhaus befindet, und erinnere mich, dass ich in der Nähe des Kinos Colosseum vor einigen Jahren mal in einem unterkam. Meine damalige Affäre und ich hatten nach dem Kino im Parkhaus Sex in seinem VW-Bus. Wir hatten den Film *Pollock* gesehen – keine Ahnung, warum uns der scharf machte. Jedenfalls vergaßen wir, dass die Tiefgarage um drei Uhr morgens schließt. Also mussten wir die ganze Nacht bleiben und letzten Endes 35 Euro Parkgebühren zahlen.

Ich umschiffe also wieder die Baustelle, weiche den Straßenbahnen aus und überfahre absichtlich eine rote Ampel, die einfach nicht grün werden will. Toby schreibe ich eine SMS: Er soll schon mal die Karten besorgen.

Ich erreiche mein ehemaliges Sexparkhaus, ziehe ein kreditkartenförmiges Plasteticket und fahre die steile Schräge hinunter. Die Frauenparkplätze nah am Eingang lasse ich links liegen. Früher hielt ich sie für diskriminierend, weil ich dachte, sie seien größer als die normalen. Außerdem sind sie ohnehin alle belegt. Ich gurke auf der ersten Etage herum und versuche, eine Lücke zu finden. Dummerweise sind die meisten Stellplätze fest vermietet an Autokennzeichen mit S. Die zweite Ebene ist ebenfalls dicht, stelle ich fest, nachdem ich eine lange Reihe parkender Wagen passiert habe. Ich muss den Rückwärtsgang einlegen. Jetzt stört meine beschlagene Heckscheibe gewaltig. Da ich weder Lust, Zeit noch einen Schwamm zum Putzen habe, ziehe ich den kleinen Hebel unter meinem Sitz und öffne die Kofferraumklappe. Super. Freie Sicht. Mit offener Heckklappe fahre ich bis zur nächsten Auffahrt zurück, steige kurz aus, um den Kofferraum zu schließen, und befahre das nächste Level der Hochgarage.

Endlich, ein freier Parkplatz – direkt an einer Säule, und daneben hat ein Kombi-Fahrer seinen Tanzbereich überschritten und verkleinert die Lücke um geschätzte 20 Prozent. Ich würde wahrscheinlich gerade so reinpassen. Die Türen könnte ich zwar nicht öffnen, wohl aber durch den Kofferraum aussteigen. Ich bin mir nicht sicher, ob ich das Risiko eingehen soll, die Säule oder den anderen Wagen zu rammen.

Mit 20 bin ich im Parkhaus eines Shopping-Centers gegen eine Säule gefahren. Sie war nur leicht lädiert, hatte lediglich etwas Farbe verloren. Und ein bisschen Putz, okay. Aber so groß war das Loch auch wieder nicht. Ich hielt es nicht für nötig, jemandem Bescheid zu sagen, und ging genüsslich shoppen. Als ich mit zwei Plastiktüten und drei Papiertaschen wiederkam, wartete bereits die Polizei auf mich und ein wütender Angestellter des Centers.

»Sie dachten wohl, das merkt niemand!«, empfing mich der Parkwächter. Seine Augen funkelten schadenfroh. »Aber das Parkhaus ist videoüberwacht!« O Mann, der war garantiert früher bei der Stasi. Ob das mein ehemaliger Sportlehrer ist?

»Wir nehmen erst mal Ihre Personalien auf«, brummte der eine Polizist mit einer tiefen, froschähnlichen Stimme. Ich spürte, wie mir das Blut ins Gesicht schoss. Meine Wangen glühten. Widerstand war zwecklos, schließlich hatte der IM alles auf Video. Er interessierte sich sehr für das Leben der anderen. Ich gab der Polizei meinen Ausweis. Der Frosch-Polizist hielt ihn fest, während der andere, schmächtigere die Daten abschrieb. Der Center-Angestellte schaute ihm dabei kontrollierend über die Schulter. Schlagartig musste ich lächeln. Mir fiel ein uralter Witz ein. »Warum sind Polizisten immer zu zweit unterwegs? Damit sie zusammen zehn Jahre Schulbildung haben.«

Der Witz ist zwar grottig, aber in Stresssituationen hilft es enorm, sich innerlich über die andere Person lustig zu machen. Die Gesetzeshüter hatten in der Zwischenzeit meine Daten erfasst, und der Parkwächter machte seinem Ärger Luft: »Das ist Vandalismus! Was denken Sie denn, wer das wieder reparieren soll? Sie müssen doch dafür gradestehen, wenn sie mutwillig fremdes Eigentum zerstören.« Die Polizisten versuchten, ihn zu beruhigen, konnten jedoch die Hasstirade nicht stoppen. Der Center-Cop benahm sich, als hätte er ein Liebesverhältnis mit der angefahrenen Säule, und wurde in seinen Beschimpfungen immer kreativer. Ich schüttelte nur den Kopf. Als er allerdings rief: »Frauen können sowieso nicht einparken!«, platzte mir der Kragen.

»Jetzt reicht's aber, das nehmen Sie verdammt noch mal zurück!«, fuhr ich ihn an. Ich lasse mir nun wirklich nicht sagen, ich sei eine schlechte Einparkerin. Ich mache das vorwärts, rückwärts und seitwärts. Was kann ich denn dafür, wenn die Statiker diese blöde Säule genau am Idealstellplatz neben dem Eingang zur Ladenstraße geplant haben?

Den Schaden übernahm erfreulicherweise meine Haftpflichtversicherung, die mir meine Mutter aufgedrängt hatte: »Irgendwann wirst du sie brauchen, Miss Geschicklichkeit!« Wie so oft behielt sie recht. Da dieser kleine Unfall jedoch ausgerechnet zwei Wochen vor Ablauf meiner Führerscheinprobezeit stattfand, wurde ich zu einem Monat Fahrverbot und einer kostspieligen Nachschulung verdonnert. Das fand ich wirklich unfair. Ich war bis dato nicht einmal geblitzt worden und hatte auch nicht versucht, »nach dem Diskobesuch andere Jugendliche mit meinen Fahrkünsten zu beeindrucken«, wie es so schön in den Prüfungsfragen heißt. Blödes Parkhaus!

In der Prenzlberger Hochgarage entscheide ich mich diesmal dagegen, den Kampf mit der Säule aufzunehmen, und suche weiter. Die dritte Ebene ist genauso unübersichtlich, und so fahre ich aus Versehen auf der Abwärtsrampe wie ein Geisterfahrer nach oben. Ein mir entgegenkommender Volvo-Fahrer hupt schrill und kann gerade noch einen Zusammenstoß verhindern.

»Pass doch auf, Mensch!«, schreit er und gestikuliert mit einem Arm durch das geöffnete Fahrerfenster. Mir dampft das Adrenalin aus allen Poren. Es ist mittlerweile schon 20.15 Uhr, prime time, die offizielle Anfangszeit des Films. Mein Handy klingelt, es ist Toby.

»Ich bin gleich da!«, gehe ich ran und lege sofort wieder auf. Auf der obersten Etage muss ich endlich einen Parkplatz finden. Doch selbst wenn ich ihn schließlich habe, ist das Abenteuer Parkhaus damit noch längst nicht vorbei. Denn viel schwieriger als einzuparken ist es, das Auto später wiederzufinden.

Ich weiß nicht, wie oft ich bereits mit Einkäufen bepackt durch Blechkolonnen gestolpert bin auf der Suche nach meinem Fahrzeug, um dann festzustellen, dass ich entweder auf der falschen Ebene oder sogar im falschen Parkhaus bin. Die Markierungen sind auch keine große Hilfe. In der Tiefgarage unter dem Sony Center habe ich einmal eine halbe Stunde lang auf der Suche nach dem Parkbereich P verbracht. Ich war mir hundertprozentig sicher, ich hätte bei P geparkt. Hatte ich auch, denn auf *jedem* Schild steht ein großes P für Parken und darunter hübsch farblich markiert die Unterkategorien A, B, C. Manchmal habe ich den Orientierungssinn einer blinden Eule im Schneesturm.

Mit dem Wagen voller Tiefkühlkost wollte ich eines Tages den überdachten Parkplatz eines Supermarktes verlassen. Das Pappticket habe ich mir vorbildlich an der Kasse lochen lassen und mein Auto auch relativ schnell gefunden. Als ich das Stück Pappe jedoch in den Schlitz schob, bog es sich nach unten durch und verstopfte das Lesegerät. Die Schranke blieb unten. Panisch drückte ich den Hilfeknopf, aber niemand meldete sich. Es gab auch nur diese eine Ausfahrt. Die wütende Autoschlange hätte mich am liebsten gelyncht. Einige ließen voller Verzweiflung ihre Autos stehen und schleppten die Einkaufstüten zu Fuß nach Hause. Meine Tiefkühlsachen schmolzen dahin. Nach nie enden wollenden 45 Minuten kam endlich ein Techniker, der meinen Parkschein herausfischte und alle erlöste. Seitdem fahre ich ausschließlich in Parkhäuser mit Plastikkarten. Warum erlebe ich ständig solche Desaster in Parkhäusern? Vielleicht entstammen sie einer anderen Dimension, in der unsere Gesetze wie »Wo es einen Eingang gibt, muss es auch einen Ausgang geben« nicht gelten. Oder sie sind Geheimprojekte der amerikanischen Regierung. (Der deutschen traue ich so viel Cleverness nicht zu.) Schrullige Wissenschaftler wollen wahrscheinlich testen, wie normale Menschen auf Frustration und Entzug des fahrbaren Untersatzes reagieren. Wenn ich nämlich ausnahmsweise schrammenfrei geparkt habe und das Parkhaus des Grauens verlassen konnte, finde ich den Eingang nicht wieder. Die Tür, durch die ich entkommen bin, ist mit einem Knauf fest verschlossen, so dass ich die Auffahrt hochlaufen muss und dabei mein Leben riskiere. Die Treppenhäuser führen ins Nirgendwo wie optische Täuschungen auf Illusionsbildern, und das bisher einzige Mal, das ich in einem Fahrstuhl stecken blieb, war ebenfalls in einem Parkhaus.

Selbstredend war kein sexy Typ dabei, mit dem ich hätte rumknutschen können. Mit oder ohne Tic Tac. Ich war allein. Alte

Cola klebte auf dem Boden, und es roch nach Urin gemischt mit 4711. Eine gelangweilte Stimme teilte mir durch die Sprechanlage mit, Hilfe sei unterwegs. Ich versuchte, meine Überlebenschancen zu errechnen und kramte in meiner Handtasche nach etwas Essbarem. Ich fand einen angeknabberten Low-Carb-Fitnessriegel. »Nur 20 Kalorien« stand in einer roten Sprechblase auf der Verpackung. Ja, super, wie lange überlebt man mit 20 Kalorien? Da kann ich ja gleich meinen Labello essen. Der dürfte gehaltvoller sein. Doch bevor ich meinen Fettstift vernaschen musste, summte der Fahrstuhl wieder und beförderte mich ins Erdgeschoss.

Ich kurve immer noch auf der Ebene vier herum und haue vor Wut auf mein Lenkrad. Ein Glück, dass mein alter Ford keinen Airbag hat, sonst hätte ich den vermutlich ausgelöst. Soll ich mich auf einen Behindertenparkplatz stellen? Verdammt, es ist schon halb neun. Toby wird ausflippen, weil wir die Werbung verpasst haben. Er steht so sehr auf die Marlboro-Cowboys. Dabei sind die doch alle bereits an Lungenkrebs gestorben …
Doch plötzlich sehe ich Licht am Ende des Tunnels. Ich kann es kaum fassen. Eine ideale Parklücke, wie geschaffen für mein Wägelchen, wispert: »Nimm mich! Ich habe auf dich gewartet.« Ich stoße einen Schrei der Erleichterung aus und fahre auf die Fata Morgana zu. Da kommt so ein frecher, lindgrüner Corsa aus der anderen Richtung und will mir meinen Traumparkplatz streitig machen.
»Vergiss es, Kumpel. Das ist meiner!« Ich drücke auf die Tube und rutsche mit quietschenden Reifen wie in *The Fast and the Furious: Tokyo Drift* in die Lücke. Der Corsa bremst scharf. Und jetzt erkenne ich den Fahrer. Es ist Toby.
»Das konnte ja auch nur die Kiffer-Barbie sein! Du hättest mich fast gerammt!«

»Ist doch nix passiert!«, verteidige ich mich. »Ich dachte, du bist schon längst am Kino.«

»Hab keinen Parkplatz gefunden.«

»Aha, von wegen typisch Frau!«

»Du, da hab ich mich mit eingeschlossen.«

Weil kein anderer Parkplatz zu finden ist, blasen wir den Kinobesuch ab und wollen uns stattdessen einen netten Videoabend bei Toby in Schöneberg machen. Hintereinander fahren wir aus dem grauenvollen Parkhaus. Toby würgt beim Anfahren an der Schräge zweimal seinen Corsa ab, so dass sich die Schranke beim Durchfahren senkt und ihm seine Antenne abrasiert. Er flucht, und ich lächle beruhigt. Ich bin erleichtert, dass ich nicht die Einzige bin, die immer so ein Pech hat. Wenn ich eine Kiffer-Barbie bin, dann ist Toby ein Kiffer-Ken. Beim nächsten Mal nehmen wir wohl beide die U-Bahn.

# Alle Jahre wieder ...

ooooooooo

... freue ich mich wie ein Honigkuchenpferd aufs Weihnachtsfest. Tannennadelduft, Panflötenträume in der Fußgängerzone, das H&M-Partykleid des Jahres und Lebkuchenherzen mit zweideutigen Sprüchen lassen meine Äuglein funkeln und versetzen mich in eine Zeit zurück, als ich noch an den Weihnachtsmann glaubte. Aber ebenso bin ich alljährlich heilfroh, wenn der ganze Spuk endlich vorbei ist. Durch Christstollen und Glühwein wird ein kollektiver Verdrängungsmechanismus aktiviert. Die ganze Welt scheint den Einkaufsstress, Betriebsfeierkaraoke und die leidigen Verwandtenbesuche vergessen zu haben, sobald das erste Türchen des Adventskalenders aufgeht. Süßer die Kassen nie klingen, als zu der Weihnachtszeit. Das Fest des Konsums ist aber auch ein Fest der Erwartungen, die Jahr für Jahr enttäuscht werden. Die Hoffnung stirbt bekanntlich zuletzt, und so ist die sprichwörtliche Vorfreude leider oft die einzige Freude in der Weihnachtszeit.

Wir alle wünschen uns, am 24. Dezember durch eine traumhafte, aber eisfreie Winterlandschaft zu den Eltern zu fahren, die wie in den cineastischen Weihnachtsschmachtfetzen bereits das duftende Festmahl vorbereitet haben. In dicke Norwegerpullis gehüllt kuschelt man sich danach mit heißem Kakao vor den Kamin und schaut amüsiert peinliche Familiendias an. Man schenkt sich stilvolle Kashmirpullis und Seidenkimonos, Singles treffen beim Besuch in der heimatlichen Bar die große Jugendliebe wieder, und spätestens an Silvester gibt's 'nen Heiratsantrag. Ach, Weihnachten könnte so schön sein – gesetzt den Fall, man könnte sich so eine Hollywoodfamilie casten.

Leider sieht die Realität meist etwas anders aus.

Bevor ich überhaupt ins weihnachtliche Sachsen-Anhalt aufbrechen kann, muss ich zunächst die absolut unhippe Weihnachtsfeier meiner Werbeagentur samt Wichtelgeschenken über mich ergehen lassen. Wir feiern in einem spießigen Restaurant mit Hirschgeweihen und Zigarrenraum. Die Geschäftsleitung versucht, einen neuen Re-Retrostil zu etablieren, um auch die traditionelle Old Economy anzusprechen. Retro war gestern, modern war vorgestern, heute ist re-retro, lautet das Motto. Und so feiern wir wie zu Großmutters Zeiten mit Käseigel und Alleinunterhalter zuzüglich Karaokemaschine. Das modernste, was der professionelle Schallplattenunterhalter zu bieten hat, ist Paul Anka.

Gegen Mitternacht tritt dann auch noch die als Putzfrau verkleidete halbwüchsige Tochter unseres Chefs auf und gräbt in ihrer Rolle bizarrerweise ihren Vater an. Ich weiß nicht, ob ich lachen oder das Jugendamt alarmieren soll. Mein H&M-Kleid der Saison tragen ebenfalls Mee (wie konnte es anders sein) und Franziska vom Marketing, so dass wir zu den Backgroundsängerinnen unseres karaokeliebenden Chefs degradiert werden. Den Tiefpunkt der Party haben wir erreicht, als wir bei der Hymne aller Stalker *Im Wagen vor mir fährt ein schönes Mädchen* den weiblichen Part im Trio schmettern. Daraufhin beschließen wir drei Grazien, das Beste aus dem Abend zu machen, und geben uns die Kante. Ich bleibe bei Sekt und Cocktails, während Franziska und Allergie-Mee kleine Feiglinge auf den Tisch klopfen und »zur Mitte, zur Titte, zum Sack, zack,

zack« einen nach dem anderen kippen. Ich erlebe Mee zum ersten Mal locker. Ich wusste gar nicht, dass sie physisch dazu in der Lage ist, ihre Mundwinkel nach oben zu bewegen. Sie kann richtig hübsch sein, wenn sie mal lacht.

Franzi stürzt mit dem erst 18-jährigen Praktikanten Karl ab. Der strahlt am nächsten Tag im Büro so über beide Ohren, dass ich fürchte, sie hat ihn entbübt. Mee hingegen schmettert ein koreanisches Volkslied nach dem anderen, während ich am Tisch meines Chefs hängenbleibe, der mir von der zukünftigen Karriere seiner Tochter als Stand-up-Comedienne vorschwärmt. Dabei ist die Arme gerade mal auf einem Schulfest und beim Tag der offenen Tür in einer Sparkassenfiliale aufgetreten.

»Wenn die Leute vom Fernsehen … (er spricht von dieser geheimen Kommission, die das gesamte TV-Programm der Welt bestimmt) … wenn die meine Clarissa erst mal sehen, dann werden sich alle noch umgucken. Dann kommt die nach Hollywood!«

Sicher. Als Putzfrau verkleidete Teenager mit latentem Ödipus-Komplex sind *der* Renner in der Traumfabrik. Aber nichts kann einen stolzen Vater mit 1,5 Promille im Blut bremsen.

Als Wichtelgeschenk bekomme ich von Mee ein Shirt mit der Aufschrift »Zicke«. O wie lustig! Na ja, wenigstens keine singende Klobürste. Offenbar waren aber noch mehr Wichtel bei Nanu-Nana einkaufen. Der trockene Alkoholiker Rainer packt nämlich eine Kochschürze mit der Aufschrift »Bitte Bier nachfüllen« aus. Er nimmt es mit Humor und bestellt sich ein Clausthaler. Ich lache ebenfalls einmal kurz, posiere für das obligatorische Zeig-mal-dein-Geschenk-Foto und gebe das Teil noch im alten Jahr in die Kleidersammlung. Obwohl mir die obdachlosen Menschen jetzt schon leidtun, die »Zicke« oder »Mit 40 noch würzig« beim Zeitungverkaufen tragen müssen. Wer seine Kollegen mit solch dämlichen Präsenten abspeist, gehört hinter Gitter für den Mord am Geist der Weihnacht.

Wenige Tage später packe ich die Weihnachtsgeschenke für meine Familie ein. Eigentlich wollten wir uns ja nichts schenken. Da sich aber, alle Jahre wieder, keiner daran hält, muss ich doch noch am 22. Dezember losziehen. Weihnachtseinkäufe sind Folter. Aus dem romantischen Klischeespaziergang über den Weihnachtsmarkt wird ein Fressgelage aus Bratwürstchen, Glühwein und kandierten Pommes. Bereits am ersten Stand frieren einem die Zehen an den Socken fest, und zu kaufen gibt es auch nichts Gescheites. Es sei denn, man steht auf selbstgefilzte Latschen mit Initialen oder auf Mundgeblasenes.

Die großen Shoppingcenter sind in Berlin entlang der Ringbahn an strategisch wichtigen Umsteigebahnhöfen postiert und beinhalten als Orientierungshilfe exakt dieselben Geschäfte. Egal in welche Mall man sich verirrt, Deichmann liegt immer neben New Yorker, und der Supermarkt ist im Untergeschoss. In der Mitte gibt es dieses charmelose Eiscafé Venezia, in dem schlecht gelaunte Bedienungen bereits abkassieren, bevor der in Eierlikör ertränkte Eisbecher serviert wird. Die Center sind zwar wärmer als der Weihnachtsmarkt, dafür jedoch brechend voll. Da in den Mittelgängen bezirksansässige Grundschulchöre Weihnachtslieder singen und die Omis auf den Bänken neben den Springbrunnen beseelt dazu wippen, bewegen sich die Weihnachtsshopper polonaiseartig und versuchen, ihre Ausfahrt nicht zu verpassen. Nächster Halt: Tchibo – Herren-Pyjama für Papa kaufen. Nach erledigtem Geschäft reiht man sich wieder in die Schlange ein und findet, wenn man Glück hat, sogar seine alte Lücke wieder.

Jedes Jahr versuche ich, die perfekte Geschenkverpackung zu kreieren. Ein kleines Kunstwerk darf's schon sein. Und sie sollte keinesfalls den Inhalt verraten. Blöderweise fällt mir wieder erst am 23. Dezember ein, dass ich die Kartons all meiner im

Laufe der letzten zwölf Monate erstandenen Schuhe hätte aufheben sollen. Denn für die meisten Geschenke bräuchte ich eine kompakte Hülle. Und so wird wieder nichts aus meiner Traumverpackung. Ich produziere labberige Präsente in dünnem Weihnachtspapier (ein Sonderangebot von Netto), das an einigen Stellen einreißt und mit Klebestreifen zusammengehalten wird. Dazu binde ich eine Schleife aus goldgelbem Geschenkband, da ich es wieder mal nicht hinbekomme, mit der Schere solche Schillerlocken zu machen. Ich ziehe das Band immer mit der falschen Seite über die Schere, so dass die Farbe abgeht oder es total zerfleddert. Meine mit einer splissigen Schleife verzierten Mitbringsel packe ich dann an Heiligfrüh in einen einklappbaren Plasteeinkaufskorb, den ich extra zum Zwecke des Weihnachtsgeschenketransportes gekauft habe, und hole Christian ab.

Es ist unser erstes gemeinsames Weihnachten, und wir haben beschlossen, die Feiertage bei meiner Familie und dafür Silvester bei seinen Eltern zu verbringen. Meine Schwester Caro wird nicht da sein. Sie hat die Gelegenheit der perfekten Ausrede genutzt und ist mit ein paar Freunden auf eine Skihütte in die Schweiz gefahren. Die hat's gut, so wird sie nicht von Mama gemästet. Irgendwie freue ich mich sogar darauf, Weihnachten alleine mit meinen Eltern zu verbringen. Wenn Caro dabei ist, dreht sich immer alles nur um sie. Auf dem Weg nach Hause ist es fast so, wie ich es mir immer gewünscht habe. Die Autobahn ist frei, sowohl von Schnee als auch von Fahrzeugen, Christian und ich sind gut drauf, spielen Autokennzeichenraten und gönnen uns unterwegs noch einen Kaffee. Er ist auch überhaupt nicht nervös, meine Eltern kennenzulernen. Er sagt, wenn sie mich in die Welt gesetzt haben, können sie ja nur umwerfende Menschen sein. Er ist einfach bezaubernd. Zu Hause angekommen, empfängt uns meine Mutter warmherzig und nimmt

Christian gleich in den Arm. Und, oh, mein Gott, mein Vater trägt sogar einen Norwegerpulli.

»Gab's bei Kick, nur 5,99 Euro.« Meine Mutter hat die Macke, immer den Preis eines Schnäppchens anzusagen. Als ob der Pullover wertvoller wird, je günstiger er ist. Meine Eltern und Christian beschnuppern sich und finden sich sympathisch. Mein Vater klopft ihm freundschaftlich auf die Schulter und bietet ihm ein Bier an. Es ist kaum zu glauben. Alles scheint wie in meiner Hollywoodphantasie zu sein. Wer sind diese Menschen, und was haben sie mit meinen Eltern gemacht?

Nach dem heiligen Mittagessen – Kartoffelsalat und Wiener – setzen wir uns ins Wohnzimmer. Gemütlich plaudern wir, wobei, irgendwas fehlt. Ich brauche eine Weile, um zu merken, was es ist. Erst als meine Mutter Kaffee und Kuchen nur 30 Minuten nach dem Mittagessen serviert, fällt es mir auf.

»Wo ist denn der Weihnachtsbaum?«, frage ich.

»Ach, wir haben dieses Jahr keinen«, sagt mein Vater.

»Das lohnt sich nicht. Caro kommt doch nicht«, sagt meine Mutter, während sie mir ungefragt zwei Stück Kuchen auf den Teller packt.

»Ja, aber ich bin doch da!«, protestiere ich.

»Aber dir ist das doch nicht so wichtig«, sagt Mama, und ein drittes Stück Kuchen landet auf meinem Teller.

»Doch, eigentlich ist mir das schon wichtig.«

Weihnachten ohne Weihnachtsbaum, das ist wie Paris ohne Eiffelturm oder Kino ohne Popcorn. Irgendwie trostlos. Die Dekoration des Weihnachtsbaumes war unser rituelles Hauptstreitthema eines jeden Festes. Caro und ich wollten ihn kunterbunt mit viel Lametta schmücken, während meine Mutter eine klassische Variante in cremeweiß oder burgunder bevorzugte. Natürlich setzten wir uns durch. Im Hintergrund lief die alte Frank-Schöbel-Platte *Weihnachten in Familie,* und wir

Kinder behängten den Baum mit Kugeln, bunten Postkarten und sogar angemalten Muscheln und Ostereiern.

»Der Baum war immer das Schönste.«

Meine Mutter verdreht die Augen in dieser typischen Ich-bin-überfordert-Art und verlässt seufzend den Raum. Wir hören sie im Flur kramen. Christian sitzt auf der Kante des Sofas und schaut mich fragend an. Ich habe auch keine Ahnung, was sie macht. Mein Vater hält sich resigniert die Kaffeetasse an die Schläfe. Nach einer gefühlten Ewigkeit kommt meine Mutter zurück und hat goldenes Lametta in der Hand. Dieses wirft sie über eine Zimmerpalme.

»Na, zufrieden?«, fragt sie.

Ich muss lachen. Sie nicht. Sie hat die Frage ernst gemeint.

»Da gibt man sich solche Mühe, und du kannst nur meckern«, wirft sie mir vor. Dabei habe ich doch nur nach dem Weihnachtsbaum gefragt.

Meine Mutter verzieht sich ins Bad. Das ist auch ein traditionelles Weihnachtsritual. Nach exakt zehn Minuten – ich schaue dabei immer auf die Uhr – kommt sie mit roten Augen zurück.

»Tut mir leid, Mama. Ich wollte nicht meckern«, entschuldige ich mich.

»Ist schon gut. Ich bin nur traurig, dass Caro nicht da ist.«

Na klar, warum auch sonst?

Um den Haussegen wieder geradezurücken, essen wir brav den Kuchen und setzen uns anschließend zur Bescherung unter die Lamettapalme. Ich bekomme ein mehrteiliges Topf-Set vom Homeshopping-Kanal.

»Damit du endlich mal kochst. Und Christian hat auch was davon.« Meine Mutter stupst mir ihren Ellenbogen in die Rippen.

»Danke.«

Christian grinst. Er weiß genau, dass ich nicht aus Mangel an Töpfen nie koche. Mein Vater freut sich über seinen Pyjama und macht ein paar frivole Witze übers Nacktschlafen und dass er in dem Ding aussähe wie Hugh Hefner. Mama bekommt eine Handtasche von mir, die sie bei einem gemeinsamen Einkaufsbummel mal in einem Laden gesehen, aber nicht gekauft hat. »Ach, du bist doch verrückt, du sollst doch nicht so viel Geld ausgeben!«, sagt sie und drückt dabei das Objekt der Begierde ganz fest an ihre Brust. Dann rennt sie in den Flur, zieht sich eine Jacke nach der anderen an und probiert aus, zu welcher die Tasche passt.

Da in diesem Jahr der Weihnachtsbaumschmuck flachfällt, hat sich Mama dafür bei der Tischdekoration ausgetobt. Rote Weihnachtssterne in kleinen Engelstatuen, diskokugelartige Hirsche und jede Menge Kerzen in verschnörkelten Leuchtern schmücken die Tafel. Man kann seinem Gegenüber kaum in die Augen schauen und muss buchstäblich alles durch die Blume sagen. Außerdem ist die gesamte Tischdecke mit kleinen, goldenen Sternchen bestreut, die zwar nett aussehen, sich aber beim leisesten Luftzug verselbständigen und in der Soße landen. Das Abendessen zieht sich über mehrere Stunden hin. Das Menü reicht von Vorsuppe über Gans mit Klößen und Rotkohl und Kartoffeln und Grünkohl (routinemäßig, weil Caro Klöße und Rotkohl nicht mag) bis zu einer üppigen Nachspeise, bestehend aus selbstgemachtem Eis mit heißen Himbeeren und einem warmen Schokomuffin. Es scheint, als wolle meine Mutter das perfekte Dinner kreieren und uns gleichzeitig so viele Kalorien einverleiben, dass es bis Ostern reicht. Tischgespräch ist vor allem eines: wie lustig ich als Kind war. Christian kriegt gar nicht genug von den Geschichten, wie ich Katzenfutter gegessen habe oder mir bei meiner ersten Schulaufführung als Herbstblatt verkleidet wortwörtlich in die Hose gemacht hab. Nach dem Abendessen rollen wir ins Wohnzimmer und verlieren sämtliche Manieren. Mein Vater zieht sein Hemd aus und

Christian seine Socken. Ich knöpfe meine Hose auf und Mama ihre Bluse. Dahinvegetierend schauen wir eine ganze Weile *Weihnachten mit Marianne und Michael,* bevor wir merken, was da für ein Quatsch läuft. Unsere Körper sind so sehr mit der Verdauung beschäftigt, dass kein Blut mehr fürs Gehirn übrig bleibt. Schließlich ergreift Christian die Initiative und schaltet um zu *Stirb langsam.* Was könnte besinnlicher sein an Jesu Geburtstag?

Als sich Bruce Willis die Fußsohlen an einer zersplitterten Fensterscheibe aufschneidet, hat Mama genug und kommandiert mich in die Küche.

»Wir Frauen waschen jetzt ab.«

»Aber ich dachte, wir sind emanzipiert?«

»Ja, aber nicht faul.« Sie zerrt mich wie einen störrischen Esel in die Küche, wo ich einen Berg von fettigen Pfannen und ein Chaos biblischen Ausmaßes erwarte. Zu meiner Verwunderung ist jedoch fast alles sauber. Wir müssen lediglich ein paar Teller in die Spülmaschine räumen.

»Wann hast du denn das alles gemacht?«, frage ich sie.

»Beim Kochen nebenbei.«

»Wahnsinn.« Mutti-Tasking in Perfektion. Ich bin echt beeindruckt. Ich habe mir zwar auf die Fahnen geschrieben, nie so zu werden wie meine Mutter (ob ich es schaffe, sei dahingestellt), aber ihr Organisationstalent hätte ich gern geerbt.

»Ich wollte mal mit dir alleine sein«, sagt sie.

Mir rutscht das Herz in die Hose. Sie will jetzt sicher über Caro reden, mir irgendeine Hausratversicherung für mein neues Topfset aufschwatzen, oder sie erinnert mich gleich daran, dass ich ihr noch 1000 Euro von meiner Mietkaution schulde, und fordert diese jetzt ein. Innerlich gehe ich in Verteidigungsstellung, doch Mama holt einen Champagner aus dem Kühlschrank.

»Ich dachte, wir trinken was zusammen.«

Okay. Keine Hintergedanken, oder will sie mich erst abfüllen? Ich traue dem Frieden noch nicht ganz. Aber tatsächlich, wir quatschen stundenlang, und die Worte Caro, Hausratversicherung und Mietkaution fallen nicht ein einziges Mal. Dieses Frauengespräch ist mein schönstes Weihnachtsgeschenk. Gegen Mitternacht ist der Champagner leer und wir sturzbesoffen. Mama und ich haben noch nie gut Alkohol vertragen, trotz der reichlichen Grundlage. Aus dem Wohnzimmer vernehmen wir leise Schnarchgeräusche. Christian und Papa sind auf je einer Couch eingeschlafen. Ich schalte den Fernseher aus, als im dritten Teil von *Stirb Langsam* das Rätsel mit den Wasserkanistern gelöst wird, und Mama deckt die Männer zu. Ich glaube, wir hatten noch nie ein harmonischeres Weihnachtsfest. Jedenfalls bis zum ersten Feiertag. Denn dann kam Caro …

# Kiffer

°°°°°°°°°

Es ist 1.08 Uhr. Ich sitze in meinem Altherren-Ford und fahre auf der Stadtautobahn Richtung Süden. Was mache ich hier nur? Nächtlicher Nebel kondensiert an meiner Windschutzscheibe, und im Radio laufen die Gedanken zum Auftanken – pseudochristliche, Sendezeit schindende Reime, die mich an meine Gedichte in der vierten Klasse erinnern. Urplötzlich muss ich daran denken, wie ich meinen ersten Joint geraucht habe. Nein, das war nicht in der vierten Klasse; vielleicht hat mich der Nebel darauf gebracht. Ich hab mal gehört, dass Details von Erlebnissen, die urplötzlich aus dem Untiefen des Bewusstseins auftauchen, dies das letzte Mal tun. Als würde die Festplatte im Gehirn frisch formatiert, damit wieder Platz ist für neue Eindrücke. In solchen Momenten versuche ich immer, mir dieses Erlebnis ganz fest einzuprägen, um der Putzkolonne in meinem Oberstübchen zu sagen: Nein, schmeißt das bitte noch nicht weg, die Erinnerung ist doch noch gut. Könnte ich noch mal gebrauchen. Leider kann ich mich später nicht mehr daran erinnern, was es war, das ich aufheben wollte.

Meinen ersten Joint rauchte ich ganz klassisch auf dem Schulklo, zusammen mit meiner Freundin Isabel in einer Freistunde zwischen Latein und Astronomie. Wir waren 16. Isabel hatte ihrem großen Bruder, einem langhaarigen Bombenleger, in den ich sehr verliebt war, ein bisschen Gras gemopst. Er versteckte das Kraut in Fotofilmdosen in seiner Sockenschublade. Warum

Isabel und ich uns ausgerechnet den kleinsten, am wenigsten belüfteten Raum des ganzes Gebäudes für unser erstes Drogenexperiment ausgesucht hatten, ist mir bis heute schleierhaft. Wenn wir einfach hinter der Turnhalle geraucht hätten, wie das die erfahrenen Kiffer tun, wären wir sicher nicht aufgeflogen. So aber stank die gesamte Damentoilette nach Marihuana, und der Direktor berief eine Vollversammlung ein, um die Schuldigen zu finden. Meine Freundin und ich versanken in unseren Sitzen. Glücklicherweise traute *uns* das niemand zu; Isabel war Klassensprecherin, und ich gehörte zu den leistungsstärksten Schülern. *Die* bauen ja keinen Mist. Ha, ha. Obwohl sie es nicht beweisen konnte, hielt die Schulleitung unser schwarzes Schaf Timo für den Übeltäter. Der war schon von zwei Schulen geflogen und außerdem maßgeblich an der letzten Bombendrohung beteiligt, die sich unsere Klasse ausdachte, um einer wichtigen Chemieklausur zu entgehen. Timo stritt das Klokiffen auch nie ab – gerade weil es auf der Damentoilette passierte. Im Gegenteil, er schmückte die Geschichte noch aus und erzählte, er hätte dort mit einem Mädchen rumgemacht. In Wahrheit kauerten Isabel und ich in unserer Freistunde in der engen Kabine und drehten unseren ersten Joint. Wir hatten keine Ahnung, wie das genau geht. Wir zerpflückten das Kraut auf einem Blättchen. Dieses versuchten wir auf meiner Federmappe möglichst geschickt zusammenzurollen. Das Gras flog raus, weshalb wir das Papier mit Tesafilm zusammenklebten. Der wiederum brannte nicht. Also zerrupften wir das klebrige Gebilde erneut, um unsere bewusstseinserweiternden Substanzen in kariertem Papier aus Isis Kladde zu rauchen. Das war stärker und hielt etwas besser, machte das Inhalieren aber umso giftiger. Mit Mühe und Not und unter heftigsten Hustenanfällen qualmten wir das halbe Tütchen.

»Merkst du schon was?«, fragte mich Isabel.

»Nö, eigentlich nich. Und du?«

»Tut halt weh im Hals.«

»Find ich auch.«

Die Wirkung setzte erst in der Astronomiestunde ein, gerade als wir ein Video über die Geburt eines Sternes im abgedunkelten Klassenzimmer ansahen. Jetzt verstehe ich, warum Kiffer so gerne die *Space Night* auf BR-alpha gucken. Die Weltraumaufnahmen, unterlegt mit chilliger Ambientmusik, verstärken die Wirkung des THC. Mir war schlagartig schwindelig, und ich konnte meine Augen nicht von der linken unteren Ecke des Fernsehers lösen. Dort stand »Toshiba«, und ich war fasziniert von der Anordnung der Buchstaben. Es war mir unmöglich, woanders hinzuschauen als auf das Toshiba-Logo. Isabel hatte das Gefühl, sie würde in einen Tunnel hineingezogen. Sie beschrieb, es sei, wie wenn man bei der Lasershow im Blockbuster-Kino genau in der Mitte sitzt und um einen herum die Lichtstrahlen den Nebel erleuchten. Wir konnten von Glück reden, dass unser Lehrer etwas betagter war (er schaltete sogar das Fernsehbild aus, weil er glaubte, der Videorekorder würde dann schneller zurückspulen), sonst hätte er unsere erweiterten Pupillen und die roten Augen bemerkt.

2.16 Uhr. Ich biege auf den Berliner Ring. Ich glaube, ich bin gerade dabei, einen großen Fehler zu begehen. Aber was soll ich machen? Ich bin auf einer mehrspurigen Einbahnstraße. Den Fahrstreifen kann ich vielleicht wechseln, jedoch nicht die Richtung.

Was das Kiffen angeht, so hat mir mein späterer Freund André gezeigt, wie das geht. Er war so ein dunkler Dichtertyp. Wir rauchten Tütchen auf seinem Jugendzimmerbett, aßen tonnenweise Schogetten und lasen uns morbide Gottfried-Benn-Gedichte vor. Gymnasiastenhumor! Wir fühlten uns unglaublich cool. Bis zu dem Tag, als wir einen Horrortrip hatten. Wir tranken Space-Kakao, also Shit (braunes Haschischharz) in warmer Milch. Stundenlang passierte nix, und wir wollten schon in der Küche eine zweite Runde schmeißen, als es mich plötzlich mit voller Wucht auf den Hintern setzte. Ich saß neben dem Kühlschrank auf dem Boden und glaubte, ich sei ein alter Mann. Ich sah meine faltigen Hände und konnte meine Beine nicht mehr bewegen. André verfrachtete mich in die Badewanne, wo ich am nächsten Morgen eingewickelt in eine goldene Rettungsdecke aus dem Erste-Hilfe-Kasten erwachte. Wenn man von einer durchzechten Nacht einen Kater bekommt, dann hatte ich von der Haschnacht mindestens einen Bengalischen Tiger und erst einmal für eine Weile genug davon. Zumal die Abi-Prüfungen ins Haus standen und ich keine weiteren Gehirnzellen verlieren wollte.

2.22 Uhr. Mein Handy klingelt. Es ist Christian. Ich drücke ihn weg.

Nach dem Erlebnis mit André hörte ich auf zu kiffen (vom gelegentlichen Partyjoint mal abgesehen). Trotzdem zog es mich ständig zu Kiffern hin. Die meisten waren Gitarristen. Ich hatte ganze vier längere Beziehungen mit Bong rauchenden, Joint drehenden Musikern, die irgendwann mal mit ihrer Band groß rauskommen wollten. Ich stand bei unzähligen Rockkonzerten in schäbigen Kellerclubs in der ersten Reihe und versuchte mich als Go-go-Girl, um die anderen 15 Konzertbesucher zum Tanzen zu bringen. Komischerweise hatten alle meine Kifferexfreunde etwas gemeinsam: Sie verschliefen andauernd wichtige Termine, waren detailverliebt, glaubten an Verschwörungstheorien, sie kochten wahnsinnig gerne – vor allem schräge Gerichte aus Zutaten, die nicht zusammenpassen –, und sie hatten alle schrullige Hobbys. Neben der Musik waren sehr beliebt: Eisenbahnbauen, Salamanderzucht und Ufobeobachtungen. Als Teeny störte mich das kaum. Da wohnte ich ja nicht mit den Jungs zusammen und bekam die LAN-Partys und nächtlichen Nutella-Nudel-Orgien nur am Rande mit.

Bei Frank war das anders. Ich traf ihn bei der Nachschulung, die ich wegen der Parkhaussäule machen musste. Frank war von der Polizei wegen zu langsamen Fahrens angehalten worden. Er war auf seinem Motorrad so gemächlich vor sich hin getuckert, dass er beinahe umgekippt wäre. Selbstverständlich war auch Frank ein Kiffer. Er hatte seine Geschwindigkeit im Rausch viel zu schnell eingeschätzt. Trotzdem war er anders als die Shitheads mit den »Fuck the World«-Sweatshirts. Frank sah verdammt gut aus, war unglaublich sexy, und das kiffertypische Gelaber setzte er kreativ um. Er schrieb tolle Songs, die er in seinem selbstgebauten Tonstudio aufnahm. Bei ihm glaubte ich tatsächlich, er würde eines Tages Karriere im Musikbusiness machen. Wir verliebten uns Hals über Kopf und zogen nach nur drei Monaten zusammen. Das heißt, ich zog in die WG, in der Frank mit seinem besten Freund Freddy wohnte.

Als Frau in einer Männer-WG hat man es wirklich nicht leicht. Nicht, dass ich so eine kirschkuchenbackende, häkeldeckenverteilende Hausfrau wäre – ganz im Gegenteil. Aber der Grad an Schmutzresistenz, den meine beiden Mitbewohner an den Tag legten, überstieg meine kühnsten Erwartungen. Sie spielten Müllbergmikado – stapelten den Müll so lange auf dem Eimer übereinander, bis ein kleines Stückchen Papier oder Ähnliches herunterfiel. Der letzte, der etwas zum Müllturm beigetragen hatte, musste den Eimer dann leeren. Und das war fast immer ich. Freddys Hund Satan war nikotinabhängig, weil er die überall herumliegenden Zigarettenstummel fraß, und das Badewasser blieb ohne Stöpsel in der Wanne, so sehr war der Abfluss verstopft. Ich wollte mit Rohrfrei Abhilfe schaffen und kippte eine ganze Flasche in die Wanne. Der Abflussreiniger durfte aber nur innerhalb der Rohre mit Wasser in Kontakt kommen, deshalb begann die Badewanne wie ein Hexenkessel zu kochen und giftige Dämpfe auszuspucken. Sogar die Plastikverpackung des Rohrfreis schmolz. Ich hatte eine urknallartige, chemische Reaktion in Gang gesetzt. Geistesgegenwärtig öffnete ich noch das kleine Badfenster und verriegelte die Tür von außen. Drei Tage lang benutzten wir das Bad unserer Nachbarn, bis das Mittel seine Halbwertszeit erreicht hatte. Danach war das Wasser immerhin abgelaufen.

Doch die mangelnde Hygiene war keineswegs das einzige Problem. Freddy, dessen skurriles Hobby die Botanik war, kam auf die glorreiche Idee, selbst Hanfpflanzen anzubauen, und zwar in der kleinen Kammer neben der Küche. Er baute mehrstöckige Hochbeete, achtete auf die richtige Zusammensetzung der Blumenerde und des Düngers und tüftelte an einem ausgeklügelten Bewässerungssystem. Eben detailverliebt. Die anfangs noch zarten Pflänzchen, die Freddy aus Holland schmuggelte, wuchsen schnell und waren herrlich grün. Nicht bedacht hatte er allerdings, dass Pflanzen Wasser kondensieren, quasi schwitzen. So wurde unsere Abstellkammer zu einer Hanf-Dampf-Sauna, und es dauerte nicht lange, da tropfte der Pflanzenschweiß durch den Fußboden auf den Wohnzimmertisch des Mieters unter uns. Damit der Wasserschaden behoben werden konnte und der Drogenanbau nicht aufflog, musste das private Gartenreich schleunigst entfernt werden. So ernteten Freddy und Frank die Babypflänzchen und lösten die Beweise kurzerhand in Rauch auf.

2.51 Uhr. Christian ruft wieder an. Ich kann jetzt nicht mit ihm sprechen. Die Hupe eines Lkw ertönt, und ich bekomme einen Schreck. Als ich auf mein Handy sah, muss ich aus Versehen ein Stück auf die rechte Spur rübergezogen sein. Ich muss mich jetzt konzentrieren. Augen aufs Ziel gerichtet. Aber will ich dort wirklich hin?

So lustig das Zusammenleben mit den Kiffern auch manchmal war, die Beziehung mit Frank gestaltete sich äußerst schwierig. Seine Unzuverlässigkeit machte mich traurig und wütend zugleich. Unzählige Male vergaß oder verschlief er Verabredungen, vor allem, wenn er mich irgendwo abholen sollte. Und so wartete ich in der Silvesternacht 2003/2004 einsam und verlassen bei Schneeregen am Bahnhof Zoo auf ihn. Wir wollten auf eine Party, und ich trug unter meinem Mantel nur ein dünnes Seidenkleid mit Strumpfhosen und High Heels. Frank kam einfach nicht, und ich holte mir eine üble Bronchitis. Ich tat mir richtig selbst leid, wie ich da stand und fror.
Frank hatte mal wieder verschlafen. Und nicht nur das. An meinem Geburtstag einige Monate später wollte er nur schnell Tabak besorgen und kam nicht wieder. Zwei Tage lang habe ich ihn nicht erreicht. Ich klapperte alle Bekannten nach ihm ab und rief die Krankenhäuser der Umgebung an. Ich traute mich nicht, die Polizei zu rufen. Sie hätten ihn hochgenommen, wenn er mal wieder irgendwo mit seiner Bong versumpft war. Es stellte sich heraus, dass er tatsächlich bei einem Kifferkumpel auf der Suche nach der verlorenen Zeit gewesen war. Daraufhin trennte ich mich von Frank. Ich wusste, ich hatte mit ihm keine Zukunft. Wie sollte denn das werden, falls wir jemals Kinder hätten? Die könnten keine zwei Tage in der Kälte warten, bis er sie aus der Vorschule abholen würde. So gesehen war die Trennung von Frank eine reine Vernunftentscheidung und keine emotionale.

3.05 Uhr. Jetzt bin ich kurz vor der Ausfahrt, da blinkt die Tankanzeige. Die rote Leuchte in meinem Armaturenbrett scheint Stopp zu schreien. Fahr da nicht hin. 3.09 Uhr. Ich nehme die Ausfahrt und halte an der nächsten Tankstelle. Während ich mein Auto mit Benzin füttere denke ich, wie froh ich bin, dass Christian kein Kiffer ist. Sicher hat er es mal probiert in jungen Jahren, so wie ich auch. Aber mit spätestens 30 sollte mit dem Kettenkiffen Schluss sein. Hasch ist eine Jugenddroge. Sie verhindert, dass das Gehirn reift, und so bleiben Cannabisraucher auf ewig kindlich, sind sozusagen zurückgeblieben und kriegen deshalb nicht mehr auf die Reihe als ein 17-jähriger Schulschwänzer. Das sage ich mir immer wieder. Trotzdem gibt es Momente, an denen ich an Frank denke, an den Spaß, den wir hatten, die Musik, die wir machten, den tollen Sex … Ich fühlte mich mit ihm frei und unabhängig. Er ist ein Fensterchen, durch das ich meine Jugend sehen kann. Ich habe Sehnsucht nach ihm, und noch viel mehr sehne ich mich nach mir, so wie ich früher war.

Genau das ist der Grund dafür, dass ich ihn heute Nacht um 0.12 Uhr angerufen habe.

Christian und ich hatten gestern beschlossen, zusammenzuziehen. Wir schlafen sowieso nur in seiner Wohnung, und es ist Blödsinn, zwei Mieten zu zahlen. Aber die Aussicht auf eine eheähnliche Gemeinschaft mit Sonntagsbrötchen und Abwaschplan macht mir Angst. Ich fürchte, dass wir unsere Spontaneität verlieren, uns auf die Nerven gehen und irgendwann dieselben Pyjamas tragen. Bisher konnte ich mir noch einreden, Christian und ich hätten eine Affäre. Wir haben uns auf Facebook verliebt, Herrgott noch mal! Das konnte doch nichts werden! In Wahrheit bedeutet er mir mehr, als ich mir je vorstellen konnte, aber ich will nicht von ihm abhängig sein. Ich will ihn nicht vermissen und keine Kompromisse eingehen müssen, wie es in jeder Beziehung zwangsläufig der Fall ist. Ich möchte nicht, dass der Zahn der Paarzeit meine Ecken und Kanten abschleift und ich zu einem abgerundeten Puzzleteilchen werde, das ohne sein Gegenstück kein Bild ergibt. Deshalb habe ich um 22.12 Uhr einen Streit vom Zaun gebrochen. Wir waren gerade beim Abendessen, und Christian fragte mich, ob ich die Teller abräumen würde. Ich war jedoch todmüde und hatte keine Lust.

»Aber du bist dran. Ich hab schließlich gekocht«, sagte er.

»Ja, *du* wolltest ja auch kochen.« Ich schob ihm die Teller rüber.

»Und *du* wolltest essen!« Er schob mir die Teller zurück.

»Aber von mir aus hätten wir was bestellen können.«

»Na klar. Dreimal die Woche Pizza! Und dann rennst du wieder ins Fitnessstudio, weil du ein schlechtes Gewissen hast.« Damit hatte er leider recht, aber das konnte ich ihn auf keinen Fall spüren lassen. Also griff ich in die Streittrickkiste und warf ihm vor, dass er mich sowieso nicht versteht und wir in letzter Zeit viel zu wenig Sex hatten. Zugegeben, er lag zwei Wochen lang mit Grippe im Bett. Aber den Zu-wenig-Sex-Vorwurf lässt kein Mann auf sich sitzen. Er meinte, ich verhielte mich wie in einem schlechten Sat.1-Movie. Ich knallte die Badezimmertür, wie ich es von meiner Mutter gelernt hatte, und heulte. Er stand jedoch weder davor noch entschuldigte er sich, was ich eigentlich bezwecken wollte. Also zweifelte ich an seiner Liebe und schnappte mir meinen Autoschlüssel. Nachdem ich eine halbe Stunde sinnlos durch die Gegend gefahren und drei Anrufe von Christian ignoriert hatte, rief ich Frank an und fragte ihn, ob ich vorbeikommen könnte. Er ist vor kurzem nach Dresden gezogen, weil dort die Mieten günstiger sind als in Berlin. Er will Geld sparen für neues Equipment, um sein Tonstudio auszubauen. Unsere Trennung ist sechs Jahre her, und er scheint keinen Schritt weiter zu sein.

»Ich wusste doch, irgendwann kommst du zurück zu mir«, sagte er nur halb im Scherz. Ich glaube, er hat auch nie ganz mit unserer Beziehung abgeschlossen.

Der Tankhahn macht Klick, und ich werde aus meinen Gedanken gerissen. Ich stehe hier bei Nacht und Nebel an der Autobahnausfahrt Dresden-Gorbitz, nur zehn Minuten von der Kifferwohnung meines Exfreundes entfernt. Was mache ich hier nur? Ich ahne, wie unser Treffen ablaufen wird. Wir trinken was, er raucht was, wir reden über die alten Zeiten und landen schließlich in der Kiste. Am nächsten Morgen schleiche ich mich voller Scham raus und mache pro forma mit Christian Schluss, damit ich ihm nicht erzählen muss, was ich für einen Mist gebaut habe. Will ich das wirklich? Ist ein verrückter Abend in der Vergangenheit es wert, meine Beziehung zu opfern?

8.19 Uhr. Ich parke vor Christians Wohnhaus und gehe hinein. Ich bin völlig übernächtigt, und das viele Koffein, das ich mir unterwegs reingeschüttet habe, bewirkt, dass meine Augen viel zu scharf sehen. Es ist, als hätte man einen HD-Receiver an einen Analogfernseher angeklemmt. Ich leide an totaler Reizüberflutung. Christian hat sich Sorgen gemacht und nimmt mich in den Arm.
»Wo warst du denn?«
»In Dresden.«
»Und was wolltest du da?«
»Ich war in der Pension Schinkenkrug und habe nachgedacht.«
»Und zu welchem Schluss bist du gekommen?«
»Dass ich dich liebe und gerne mit dir zusammenziehen will, wenn du mir versprichst, dass es zwischen uns nie langweilig wird.«

Frank hat nicht mitgekriegt, dass ich nicht gekommen bin. Er weiß wahrscheinlich nicht mal, in welchem Jahr wir leben. Nachdem ich ausgeschlafen habe, bringt mir Christian Frühstück ans Bett. Er hat sogar Sonntagsbrötchen aus der Dose gebacken, und wir gucken die Sendung mit der Maus. Wir sind so spießig, dass es beinahe weh tut. Also nimmt er ein Marmeladenbrötchen und schmiert es einmal quer über die Bettdecke. »Ich hab dir doch versprochen, dass es nie langweilig wird.«

# Castingallee

°°°°°°°°°

Laaaaaangweilig!«, stöhne ich in Homer-Simpson-Manier, während wir am Monitor sitzen und bei Immobilienscout24 schon mindestens den 25. Grundriss anschauen. Christian versteht meine Anspielung und kneift mich in den Oberarm.

»Was denn? Ich bin keine Architektin. Diese Zeichnungen sehen für mich aus wie Tintenklecksbilder beim Psychologen. Lass uns lieber die Fotos anschauen.«

»Das bringt nichts. Dann siehst du wieder irgendwo eine hübsche Gardine oder einen Blumentopf und verliebst dich sofort in die Wohnung.«

»Warum denn auch nicht? Dann brauchen wir wenigstens keine eigenen Gardinen aufzuhängen. Du weißt genau, ich bin Miss Geschicklichkeit, und du hast zwei linke Hände.« Das stimmt wirklich. So gefühlvoll Christian auch filigrane Architekturmodelle mit weißen Kuppeldächern gestaltet, so unfähig ist er, eine Gardinenstange gerade an die Wand zu schrauben oder die Batterie der Küchenwaage zu wechseln. Ich sage »Reparierkaputtmacher« zu ihm, weil er gerne defekte Elektrogeräte auseinandernimmt, um des Pudels Kern zu entlarven, dann jedoch vergisst, wie er das Ding wieder zusammenpuzzeln muss. In solchen Momenten liebe ich ihn noch mehr.

Christian kapituliert angesichts meiner entwaffnenden Logik. »Okay, von mir aus. Dann such du was aus!«

»Gut, dann nehmen wir die! Schöne Vorhänge, 110 Quadrat-
meter, sanierter Altbau mit Stuck, 800 Euro warm. Klingt doch
ganz gut. Wo iss'n die?«
Christian scrollt runter. »Im Prenzlberg!«
»Nee, da will ich nicht hin!«
»Wieso denn nicht?«
Als Berlin-Anfängerin habe ich in diesem Bezirk gewohnt. Ich
hatte eine gemütliche, heruntergekommene Erdgeschosswoh-
nung im Hinterhaus. Die übrigen Mieter waren größtenteils
Alkoholiker. Es gab ein Tattoostudio, in das ich von meinem
Badfenster aus hineinsehen konnte, eine alte Oma im obersten
Stock und natürlich eine Rattenfamilie im Innenhof. Diese
krabbelten manchmal durchs Mauerwerk, und ich hörte sie an
den alten Leitungen nagen.
An den Innenwänden hatte sich meine Vormieterin mit orange-
farbener Schwammtechnik und überdimensionalen Kuhflecken-
mustern verewigt. Die Zimmer waren möbliert. Ein Yuppie aus
Mitte nutzte die Wohnung als Scheinadresse für dubiose Geschäfte und hatte seine antiken Möbel dort untergestellt, so dass
ich einen Kleiderschrank aus der Gründerzeit und einen jahr-
hundertealten Nähmaschinentisch mein Eigen nennen durfte.
Meine Nostalgiephantasie erblühte in dieser absurden Umgebung.
Da ich keine Dusche hatte, wusch ich mich an einem winzigen
Waschbecken im schlauchförmigen Badezimmer und hängte
meine Strumpfhosen auf einer improvisierten Wäscheleine in
der Küche auf. Ich war so retro wie ein 30er-Jahre-Filmstern-
chen, das sich aus der Armut auf die große Leinwand kämpft.
Damals trug ich eine Frisur wie Marlene Dietrich und kleidete
mich auch so. Die Einschusslöcher aus dem zweiten Weltkrieg,
die an der Hauswand prangten, bildeten das ideale Accessoire
zu meiner Traumwelt.

Meinen Eltern graute es vor dieser Bruchbude, aber ich fühlte mich pudelwohl in meiner ersten eigenen Bleibe. In der Nachbarschaft gab es verlotterte Cafés mit Frühstückszeiten zwischen zwölf und 15 Uhr, was mir bekennender Langschläferin extrem entgegenkam. Das große Frühstück in meinem Lieblingslokal bestand neben den üblichen Käse- und Wurstvariationen auch aus Chips und Gummibärchen. Das ist das Schöne am Erwachsensein, man darf so herrlich unvernünftig sein.

Spätestens mit Beginn des neuen Millenniums überrollte den ehemals so charmanten Bezirk dann aber die Renovierungswelle. Mein Vorkriegshaus bekam kippbare Energiesparfenster, langweiliges Laminat, und die original Einschusslöcher wurden von einer quittegelben neuen Fassade verdeckt. Die Rattenfamilie wurde ermordet. Natürlich stiegen sofort die Mieten um das Doppelte, so dass erst die Alkoholiker und die Oma und wenig später auch das Tattoostudio auszogen, um neuen, meist schwäbischen Mietern Platz zu machen. In das Ladenlokal im Vorderhaus kam eine Physiotherapiepraxis, die Cranio-Sacral-Therapie anbietet. Das echte Künstler-Feeling hat sich ebenfalls aus Prenzlberg verabschiedet. It-Kleinfamilien, überteuerte Restaurants und Touristenbusse prägen seither das Stadtbild. Deshalb meide ich nun meinen alten Kiez.

»Teuer, versnobt, unromantisch. Außerdem wohnen dort die Prenzlwichser«, fasse ich meine Ablehnung zusammen.

»Mag ja sein. Aber, dass Prenzlberg uncool geworden ist, weiß ja mittlerweile jeder. Die Waldorffamilien ziehen aufs Land, und die Prenzlwichser suchen sich einen neuen Bezirk. Der Trend ist also rückläufig. Wenn wir dort hinziehen, sind wir vielleicht die ersten Pioniere des neuen Rock'n'Roll-Prenzlbergs!« Christians Argumentationskette kann mich nicht ganz überzeugen, aber die Wohnung ist echt der Hammer. Außerdem wohnt Susanne im Prenzlberg, und Christian hat ebenfalls Freunde dort. Deshalb war er damals auch auf Susannes Party. Nach harten Verhandlungen und einem Rückenmassage-Deal willige ich schließlich ein, mir die Wohnung zumindest einmal anzusehen. Am Samstagmorgen überqueren wir die Bösebrücke (die heißt wirklich so) Richtung Prenzlberg und machen uns auf zur Wohnungsbesichtigung.

Wie jedes Mal, wenn ich auf dem Weg zu einem Termin bin, bei dem ich nicht weiß, was mich erwartet, habe ich das Gefühl, alle anderen Leute sind auch dorthin unterwegs. Ich fixiere das Pärchen neben uns in der Straßenbahn und frage mich, ob die wohl einen Wohnberechtigungsschein haben, wobei ich mir nicht sicher bin, ob das auf der Pro- oder Contra-Liste der Wohnungseigentümer verzeichnet werden würde. Christian hat sich richtig adrett angezogen, mit schwarzem Hemd und grauem Jackett. Ich hab einfach meine ausgeblichene Lieblingsjeans und eine Strickjacke an.
»Wen willst du denn eigentlich beeindrucken heute?«, frage ich meinen Liebsten.
»Immer nur dich, mein Schatz!«
»Du Schleimer!«
»Nee, im Ernst. Der Wohnungsmarkt im Prenzlberg ist hart umkämpft, da will ich einen guten Eindruck machen.«
»Ach komm! Meinst du echt, es gibt Leute, die da freiwillig hinziehen?«
O ja. Gibt es. Als wir an der Adresse ankommen, hat sich dort bereits eine Menschentraube versammelt, die mich spontan an die Bananenschlange vor dem Konsum aus meiner Kindheit erinnert. Meine Eltern hatten sich damals immer getrennt angestellt und so getan, als kannten sie sich nicht, damit wir die doppelte Menge Südfrüchte bekamen.

»Die sind doch nicht alle wegen der Wohnung da, oder?«, fragt Christian.

»Glaub ich nicht. Wahrscheinlich gibt's im Haus irgendwo eine Performance oder ein anthroposophisches Aromatherapiezentrum oder einen Ausverkauf von Korksandaletten.«

Das Paar, das neben uns in der Tram gesessen hatte, ist ebenfalls dort. Hatten meine Prenzlwichser-Sensoren mal wieder recht. In kleinen Gruppen à acht Personen werden wir durch die begehrte Wohnung geleitet. Die Präsentation gleicht einer Führung durch Versailles. »Wenn Sie bitte mal nach links schauen wollen, dort befindet sich das Erker-Zimmer …«, verkündet der Touri-Guide, der so schwul ist, dass er Flitter schwitzt.

»… hier hat mal Ludwig XIV. ein Bäuerchen gemacht«, führe ich seinen Satz fort. Christian kichert. Der Fremdenführer bedenkt uns mit einem schnalzenden Seufzer, der nur spärlich seine Abscheu ob unseres Ungehorsams kaschieren kann.

»Gegenüber befindet sich das Badezimmer. Schöne, dunkle Fliesen, sehr maskulin. Es sind zwei Waschbecken mit entsprechenden Ablageflächen vorhanden, damit es kein Platzproblem gibt, wenn beide Partner ihre Beautyprodukte abstellen wollen.«

Die Reisegruppe lacht simultan über den schlechten Witz, um sich einzuschleimen. Nachdem wir auch noch das »geräumige Wannenbad für heiße Spiele zu zweit – oder zu dritt«, das »großzügige Schlafzimmer – man braucht ja Platz für gewisse Stunden«, das »Wohnzimmer kann man es nicht nennen, eher eine Lounge« und den »Balkonette, weil er so niedlich ist« bewundern durften, kloppen sich die potenziellen Mieter um die Fragebögen wie 30-jährige Jungfrauen um einen Brautstrauß. Auch Christian greift einen ab.

»Du willst dich doch nicht ernsthaft um die Bude bewerben?«, frage ich entsetzt.

»Doch, na klar. Ist doch voll schön.«

»Ja gut, Versailles ist auch schön, trotzdem will ich da nicht wohnen. Außerdem haben wir eh keine Chance, bei all den Konkurrenten.«

Das Paar vom Hinweg hat keinen Anmeldezettel ergattert und lässt Christian nicht aus den Augen. Sie hoffen, er könnte das Formular fallen lassen oder stolpern, sich das Bein brechen und die Wohnung aufgeben, weil sie keinen behindertengerechten Zugang hat. In den Augen der Frau sehe ich schon die Idee aufblitzen, Christian ein Bein zu stellen, da ziehe ich ihn lieber aus der Schusslinie.

»Wir überlegen uns das noch mal«, sage ich, und wir verlassen, sehr zum Groll des anderen Paares, mit Anmeldebogen die Wohnung.

Christian schlägt vor, noch einen Kaffee trinken zu gehen. Ich hab zwar keinen Bock auf Prenzlberg, aber mein Koffeinspiegel ist bedrohlich niedrig. Also kehren wir im Café »An einem Sonntag im August« an der Kastanienallee ein, die eigentlich nur noch »Castingallee« heißt, weil dort so viele Schauspieler wohnen. Wir sitzen auf einer halb vermoderten Hollywoodschaukel im Innenraum, warten auf die Bedienung und lesen uns den Fragebogen durch.

»Okay. Name, Alter, Einkommen, im Haushalt lebende Kinder und/oder Haustiere verstehe ich ja noch. Aber wozu wollen die unser Sternzeichen wissen?«, wundert sich Christian.

»Vielleicht steht das Gebäude auf einer astrologisch-kosmischen Meridiankreuzung, und die wollen verhindern, dass wir vom großen Wagen überfahren werden.«

»So ein Quatsch. Und hier: Sind Sie Vegetarier oder Veganer? Und wo ist die Option Fleischfresser?«

»Damit soll überprüft werden, ob wir den anderen Mietern ihre Tofubratlinge vom Balkonettegrill klauen.«

»Jetzt nimm das doch mal ernst!«, sagt Christian und lacht.

»Aber das hier find ich auch gut.« Ich drehe den Zettel um.

»Hier gibt's eine Zeichenaufgabe! Malen Sie einen Baum, der Ihre Beziehung widerspiegelt. Das ist ja schlimmer als im Assessment-Center. Die ganzen arbeitslosen Sozialpädagogen machen jetzt anscheinend in Immobilien. Bald gibt's in jeder Wohnung eine stille Treppe und ein Zornzelt.«

»Hey, du, ein Zornzelt gibt's jetzt auch schon bei Ikea«, mischt sich die Bedienung in unser Gespräch ein, »inklusive Gummiknüppeln für den Wutausgleich. Ich glaube, das heißt Wüthö mit Knüppel Klöpf.«

Keine Ahnung, ob das ein Scherz sein sollte. Ich befürchte nicht. Sie sieht aus wie eine Sozialpädagogin, große Eso-Ohrringe, ein weites, gestricktes Irgendwas am Körper. »Mein Alf geht immer ganz selbständig ins Zornzelt, wenn er sauer auf mich ist.«

»Pardon. Alf? Der 80er-Jahre-Außerirdische? Ich dachte, der wohnt bei den Tanners.«

»Alf ist mein Sohn, er ist vier. Eigentlich heißt er Gandalf.«

»Oh, das ist bedeutend besser«, kommentiert Christian trocken.

»Also, Latte, Latte?«

Alfs Mama spricht melmakisch. Hoffentlich gibt's keine Katze als Hauptgang.

»Nein danke, danke«, antworte ich. »Ich hätte gerne einen schwarzen Tee-Tee mit Milch-Milch.«

»Und ich nehm einen Espresso«, sagt Christian.

Sie stutzt einen Moment. »Ihr wollt echt keine Latte?«

Die Gespräche im Raum verstummen, und alle Köpfe drehen sich wie auf Kommando zu uns um. Ich höre das Wort »Latte« noch mehrfach nachhallen und bin mir sicher, ein Schwarm Tauben hat sich vor Schreck von der Castingallee erhoben und fliegt in den Prenzlberger Himmel.

»Nein«, sage ich kleinlaut.

»Naaaaa gut.« Sie geht langsam rückwärts und behält uns im Auge wie zwei Kampfhunde auf dem Kinderspielplatz.

»Ist das denn wirklich so ungewöhnlich?«, flüstere ich Christian zu.

»Sieht ganz so aus.«

Nachdem wir unseren Tee-Tee und Espresso-presso getrunken und einen Baum gezeichnet haben (mit starken Wurzeln, geradem Stamm und breit gefächertem Blätterdach), verlassen wir das Café. Vor der annoncierten Wohnung stehen immer noch mehr Leute als bei der Vernissage in der Galerie nebenan. Wir drücken unseren Baum dem Touri-Guide in die Hand, der pikiert das koksgepuderte Näschen rümpft. An der Kreuzung Castingallee Ecke Eberswalder Straße entdecke ich an der Ampel verzweifelte Hilfsgesuche. Devote Mietwillige offenbaren ihr ganzes Leben einer Straßenlaterne, und den Abreißzettel mit Telefonnummer und E-Mail gibt's gratis dazu.

»Akademikerpaar ohne Kinder und Haustiere (planen auch nicht, uns welche anzuschaffen – mein Mann ist unfruchtbar) sucht sanierte Altbauwohnung mit Parkett in Prenzlberg. Wir sind sauber und ordentlich, politisch neutral, hören gerne leise Klassik.« Ich frage mich, ob das »sauber« als »stubenrein« gemeint ist oder als »nicht mehr drogenabhängig«. Letzteres würde wenigstens die Unfruchtbarkeit erklären.

»Prenzlberger Kleinfamilie (Gitte, Hannes, Torben-Andreas und Dackeldame Gwendolyn) möchte im Kiez bleiben. Suchen Wohnung nahe Waldorfkindergarten. Bitte helft uns.« Da fehlt ja bloß noch eine Spendenhomepage. www.Eurythmie-für-Torben-Andreas.de.

Und dann kommt der Oberhammer. Für jede Nachfrage gibt es auch ein Angebot. Zwischen den auf biologisch abbaubarem Papier gedruckten Wohnungsgesuchen (das Papier macht extrem viel Sinn bei Wind und Wetter) kleben als Eyecatcher lustig-bunte Annoncen von Mieter-Ghostwritern und WG-Casting-Coaches. Ich traue meinen Augen kaum. Es gibt also tatsächlich einen Berufszweig, der potenziellen Mietern Bewerbungen schreibt und diese Bäume malt. Und arme Studenten dürfen 50 Euro die Stunde für einen WG-Casting-Coach abdrücken, um in eine günstige Studentenbude zu kommen. Das Phänomen Castingallee ist ja noch abartiger, als ich dachte.

Wir haben inzwischen bereits zwei Grünphasen ignoriert, weil wir immer noch fassungslos vor der Wohnungs-Striptease-Litfaßsäule stehen.

»Willst du immer noch hier hinziehen?«, frage ich Christian.

»Nee, ich glaub, du hast recht.«

Zu Hause konsultieren wir weitere fünf Stunden den Immobilienscout und geben als Suchkriterium »alles außer Prenzlberg« ein. Nach einigen Besichtigungen finden wir tatsächlich eine Wohnung in einem zauberhaften Stadtteil, der seinem schlechten Ruf überhaupt nicht gerecht wird. Au contraire, es gibt günstige, großzügige Wohnungen, einen Fluss, wenige, dafür familiäre Cafés und wirklich entspannte Menschen mit und ohne Migrationshintergrund. Sorry, liebes Akademikerpärchen, liebe Castingalleeirten und Prenzlwichser. Ich kann euch leider nicht sagen, wo das ist. Sonst überrollt ihr auch noch meinen neuen Kiez.

# Skinny Bitches

°°°°°°°°°

Unser Umzug steht ante portas. Christian ist ein Organisatortyp, der schon Wochen vorher einen Plan gemacht, Umzugskartons bestellt und seine Bücher alphabetisch in Kisten geordnet hat. Er denkt rechtzeitig daran, sein Telefon umzumelden, einen Nachsendeantrag zu stellen und den Stromzähler abzulesen. Ich bin sehr froh, dass er die Hausfrau von uns beiden ist.

Ich bereite mich, wie bei jedem der zwölf Umzüge meines Lebens, mental auf den Wohnungswechsel vor, indem ich in der letzten Woche in meiner Singlebude in jedem Zimmer ein Mal schlafe. Zugegeben, in der Badewanne halte ich es nur 30 Minuten aus und gehe dann doch ins Bett. Beim Einpacken probiere ich alte Klamotten an, an die ich ewig nicht gedacht habe, und veranstalte mit Musik und einer Flasche Rosé eine Modenschau vor dem Schlafzimmerspiegel. Am nächsten Morgen liegen dann mehr Sachen neben als in den zum Transport umfunktionierten Müllsäcken, und ich fange leicht verkatert von vorne an. Zuerst packe ich meinen tussigen, absolut jungfräulichen Werkzeugkoffer und die Bilder ein, die sich in den letzten vier Jahren auf meinen Schränken recht wohl gefühlt haben. Mal sehen, vielleicht hat Mister Reparierkaputtmacher ja ein Herz und hängt sie in der neuen Wohnung auf.

Als ich meine Bücher nach dem Zufallsprinzip in Bananenkisten staple, fällt mir auf, wie unglaublich viele Diätratgeber ich besitze. *Die Glyx-Diät, Trennkost, Skinny Bitches* und das *Kochbuch für Veganer* zeigen auf dem Cover gerne ein um einen Apfel oder einen Waschbrettbauch geschlungenes Maßband. Ich muss feststellen, dass ich mehr solcher Ernährungsbücher besitze als Kochutensilien – Teeeier und Schaumschläger eingeschlossen. Zwischen meinen halbeingepackten Bananenkisten denke ich über mein Essverhalten nach. Es stimmt schon, ich wollte immer schlank sein. Aber, wer will das nicht?

Als ich mit 18 Jahren nach Berlin kam, wurde ich von einem Modelscout entdeckt. Das hört sich toller an, als es war. Der Typ, ein pummeliger Assistent, der »irgendwas mit Medien« studierte und nebenbei in einer Modelagentur jobbte, sprach mich in den Schönhauser-Allee-Arkaden an und drückte mir einen Flyer in die Hand. Das Vermittlungsbüro wurde von einem ehemaligen DDR-Model geleitet. So einer Art Heidi Klum des Ostens. In der Hoffnung, ein wenig Geld verdienen zu können, ging ich zu dem Casting, das auf dem Flyer ausgeschrieben war. Von den circa 100 Bewerberinnen wurden nur zehn ausgewählt, und ich war dabei. Das mir bis dato völlig unbekannte Exmannequin bot mir einen Agenturvertrag an. Allerdings nur, wenn – Achtung, jetzt kommt der Haken – ich Laufstegunterricht bei ihr nehmen würde. Ich müsste zwar nichts für das Training bezahlen, das sei ja unseriös, aber – Achtung, nächster Haken – ich würde ein Jahr lang kein Honorar für eventuelle Aufträge bekommen. Was soll ich sagen, ich war jung und mir war langweilig, also ließ ich mich tatsächlich auf den Kuhhandel mit Milchmädchenabrechnung ein. Außerdem legte mir die Zonen-Heidi nahe, an meiner »95er Hüfte« zu arbeiten.

Ich wusste erst nicht genau, was das bedeutet. Ist meine Hüfte altmodisch? Gemeint war jedoch der Umfang, der ganze fünf

Zentimeter über dem Idealmaß lag. Unter dem Druck wöchentlicher Messungen und Massen-Castings mit knabenhaften 14-Jährigen begann ich, ernsthaft an meiner Figur zu zweifeln. Ich wollte eine von diesen »Skinny Bitches« sein, die von allen beneidet werden. Dünne, erfolgreiche und unabhängige Frauen, die sich nehmen, was sie wollen. Ich probierte alles aus: Fastenkuren, die Kohlsuppendiät, Fettverbrennungspillen, Dinner-Cancelling und meinen persönlichen Favoriten, die Cola-Light-Diät.

Dic Kohlsuppenkur verspricht leckeren Suppengenuss und einen Gewichtsverlust von sieben Kilo in nur drei Tagen. Angeblich entzieht die Verdauung von Weißkohl dem Körper mehr Energie, als das Kraut ihm bringt, so dass man sehr schnell »Pfunde verliert«. Keine Ahnung, warum in Frauenzeitschriften mit altmodischen Namen wie *Petra* oder *Brigitte* immer von »Pfunden«, gerne in Verbindung mit dem Verb »schmelzen«, die Rede ist. Ich kenne niemanden, außerhalb von Diätanzeigen, der diese Maßeinheit benutzt. Wahrscheinlich klingen sechs Pfund einfach mehr als drei Kilo. Am ersten Tag meines Kohlsuppenexperiments kochte ich einen halben Kohlkopf zusammen mit einer Kartoffel, zwei Möhren und etwas Brühe in einem Sechs-Liter-Topf. Die Suppe sollte ja für drei Tage reichen. Sie schmeckte auch erstaunlich gut, und da in der *Petra* geschrieben stand, ich könnte von der Suppe so viel essen, wie ich wollte, genehmigte ich mir gleich zwei Teller zum Frühstück. Eine halbe Stunde später, auf dem Weg zum Casting für eine Fashionshow, spürte ich jedoch die unangenehmen Nebenwirkungen von Weißkohl. Mein Bauch war aufgeblasen wie ein Heliumballon. Ich sah aus wie im fünften Monat schwanger. Schnell kaufte ich mir im nächsten Supermarkt einen Activia-Joghurt, der laut Werbung einen Blähbauch verhindert. Da ich keinen Löffel parat hatte, schlürfte ich den Joghurt aus. Leider war die Mischung aus Kohl und Milchprodukt noch explosiver. Nun fühlte ich mich wie die Hindenburg kurz vorm Zerbersten. Beim Casting zog ich mit aller Gewalt meinen Bauch ein. Schweiß perlte auf meiner Oberlippe. Das viele Catwalken mit Hüftschwung lockerte jedoch die Anspannung in meinem Unterleib und – nun, wie soll ich es beschreiben – ich wunderte mich nicht, dass die Models hinter mir Abstand hielten. Den Job bekam ich nicht, und die Designerin lud mich auch nie wieder ein. Verdammte Kohlsuppe!

Den nächsten Diätversuch machte ich sicherheitshalber an einem Wochenende, an dem nichts geplant war. Ich wollte eine Woche fasten. Nicht nur, um meine »95er Hüfte« zu reduzieren, sondern auch, um mich innerlich zu reinigen und die viel zitierte Schlacke loszuwerden. Wissenschaftlich wurden nie sogenannte Schlackenstoffe nachgewiesen. Deshalb heißt das Prinzip heute auch Detox. Ist aber genauso Humbug. Fasten beginnt mit einem Entlastungstag, an dem man noch essen darf, aber eben leichtere Kost. Ich entschied mich für einen Safttag und kaufte Freitagmorgen Gemüse- und Obstsäfte im Reformhaus ein. Die schmeckten zwar ziemlich gut (alle, bis auf den Sauerkrautsaft), konnten aber meinem nachmittäglichen Zuckertief nichts entgegensetzen. So aß ich dann doch einen Salat und dazu ein Käsebrot und, da ich schon mal dabei war, noch ein Puddingdessert.

Macht ja nix, dachte ich, als ich satt war. Wahrscheinlich wird es am nächsten Tag einfacher, wenn ich gar keine Kalorien zu mir nehme, wegen der Insulinkurve und dem Glyx-Index. Dieser beschreibt den Blutzuckeranstieg nach dem Essen. Doch mein Diätratgeberhalbwissen unterschätzte richtigen Hunger. Der Samstag, also der erste richtige Fastentag, begann mit einem halben Liter widerlichem Bittersalz, den ich auf ex trinken sollte. Mich schüttelte es, aber mit Nasezuhalten und An-Einhörner-Denken schaffte ich es, das widerliche Gebräu runterzukippen. Mir war den ganzen Tag latent schlecht. Ich trank fünf Liter Pfefferminztee, schaute Tierdokumentationen und entfernte mich keine sechs Meter vom Klo. Aber ich hielt durch!

Am Sonntagmorgen war ich unglaublich stolz auf mich und fühlte mich tatsächlich leichter und entgifteter. Bis nicht nur der kleine, sondern der große Hunger kam. Gegen eins bekam ich schlechte Laune. Das Fernsehprogramm war langweilig, meine Haare sahen scheiße aus, und überhaupt war alles doof. Wieso mache ich das eigentlich? Es ist doch unnatürlich, nichts zu essen. Ich legte mich wieder ins Bett und versuchte, den Tag zu verschlafen. Gegen drei wurde ich jedoch von meinem knurrenden Magen geweckt. Meine Fastenlektüre empfahl, in diesem Fall viel Wasser zu trinken und spazieren zu gehen. Ich hatte aber keine Lust, aus dem Haus zu gehen. Da waren ja Menschen, essende Menschen, die alle gar nicht wussten, was für ein Glück sie hatten, keine Skinny Bitches sein zu müssen.

Ich versuchte, etwas Sport zu machen, legte mich auf meinen Wohnzimmerteppich und schaffte gerade mal zehn Crunches, weil ich dabei an Crunchips denken musste. Dann begannen die Kopfschmerzen. Ein pochendes, kaltschweißiges Stechen in der Stirn, das einen jeden Gehirnlappen spüren lässt. Ich schluckte vier Aspirin und eine Paracetamol – so viel zum Thema Detox – und wurde wieder schläfrig.

Gegen Mitternacht war ich hellwach. Ich sah fern bis morgens um vier und schaltete bei jeder Kochsendung und Schokoladenwerbung um. Ich konnte es nicht einmal ertragen, als in *CSI Miami* eine angeknabberte Pizza analysiert wurde. Ich dachte nur noch an Essen, und wie von selbst stand ich auf und holte schließlich die angebrochene Tüte Chips aus dem Schrank, die mir schon den ganzen Tag vor meinem inneren Auge herumtanzte. Binnen Sekunden vertilgte ich den Inhalt. Ich redete mir ein, ich sei eine Muslima. Die fasten während des Ramadans doch auch, bis die Sonne untergeht, und essen dann nachts. Montag früh verzichtete ich auf den empfohlenen Bittersalztrunk, denn ich musste zur Uni. Ich erlaubte mir heute wenigstens alle Getränke, denn gerade Koffein bremst ja den Hunger. Also startete ich den Tag mit einer Vanilla-Caffè-Latte in der Größe venti. Die knapp 600 Milliliter warmen italienischen Espressos mit aufgeschäumter Milch füllten meine leergefasteten Energiereserven wieder auf, und ich fühlte mich endlich wieder wohl. Gut, für die 400 Kalorien des Trösterdrinks hätte ich genauso gut ein halbes Grillhähnchen essen können. Das machte ich dann auch beim Mittagessen mit zwei Kommilitonen. Allein zu fasten ist ja schon schlimm genug, aber wenn zwei gutaussehende Jungs einen Burger vor deiner Nase verdrücken und dich mit Pommes füttern wollen, wird jede Skinny Bitch schwach. Ich gab meine Fastenkur auf.

Einige Wochen später probierte ich das sogenannte »Dinner-Cancelling«. Dabei soll man nach 19 Uhr nichts mehr essen, da über Nacht der Körper so besser verdauen kann und nicht so viel Fett ansetzt. Außerdem fällt eine Mahlzeit flach, und man spart Kalorien. Klang machbar. Die Sache hatte nur einen Haken: Ich kann mit knurrendem Magen nicht einschlafen. Um den Hunger zu unterdrücken, schluckte ich Diätpillen. Die hatte ich in einer Anzeige, ebenfalls in einer Frauenzeitschrift, entdeckt und bestellt. Der Werbetext versprach: »Die Pfunde schmelzen schneller, als Sie sagen können: Ja, ich kaufe diesen neuen Bikini.« Das ist der blödeste Spruch, den ich je gehört habe. Ein absoluter Lowbrainer, wie es in meiner Werbeagentur heißt. Die Pillen enthielten Hoodia-Extrakt, eine im Westen noch unbekannte afrikanische Kaktuspflanze, die von den Einheimischen gekaut wird, um das Hungergefühl auf langen Jagden zu drosseln. Dummerweise gibt's nach der Jagd aber was zu essen. Vermutlich hatte ich deshalb zwei Stunden nach Einnahme dieser Pillen Heißhunger auf Wild.

Das Einzige, was wirklich funktionierte, ist Cola-Light. Künstlicher Süßstoff soll zwar krebserregend sein und steht im kompletten Widerspruch zu den ganzen Insulinspiegeltheorien, aber mir half's. Mit der »Diet-Coke-Diet« nahm ich in zwei Monaten fünf Kilo ab. Aber um welchen Preis?

Die zehn »gepurzelten Pfunde« hatten meine Hüfte zu einem 92er Modell geformt, und ich war stolz wie Barbie. Ich kaufte mir ein Maßband und kontrollierte jeden Morgen meinen Brust-, Bauch- und Hüftumfang. Meine Tagesform hing von diesen Zahlen ab. Hatte ich nur einen Zentimeter zugenommen, nahm ich den ganzen Tag ausschließlich grünes Gemüse zu mir. Bravo! Jetzt war ich eine von diesen »Skinny Bitches«, die ständig schlechte Laune haben, weil sie hungern müssen und neidisch sind auf Menschen, die essen. Zickige Hungerhaken ohne Privatleben, die sich nur mit ihrer Kleidergröße beschäftigen. Nein, so jemand wird nicht bewundert – zumindest nicht, wenn man ihn besser kennt.

Ich blieb nicht lange in der Model-Agentur. Ich fühlte mich zu sehr auf meinen Körper reduziert. Maße waren wichtiger als Humor oder Intelligenz. Auch nervte es mich tierisch, immer als »Mädchen« bezeichnet zu werden, während trendy Stylisten an mir rumzuppelten und über meinen Kopf hinweg entschieden, ich bräuchte eine neue Frisur. Als Studentin war es egal, ob ich Jeansgröße 26 oder 30 trug. An der Uni fühlte ich mich wegen meiner Persönlichkeit ernst genommen. So vergaß ich für lange Zeit die Diätexperimente.

Bis ich 23 wurde.

Etwa in diesem Alter stellt sich nämlich der Stoffwechsel um. Als Teenager konnte ich noch essen, was ich wollte, ohne in die

Breite zu gehen (ich schoss eher in die Höhe). Mit 20 bekam ich zwar Rundungen, behielt aber meine »gute Figur«. Meine Oma hielt mich für zu dünn, aber das ist der Job von Omas. Mein Vater nannte mich »kernig«. Früher klang das für mich nach einer Pummelfee. Aber mittlerweile weiß ich, wie er das meint. Ich bin zwar schlank aber eben nicht dürr oder schwächlich. Ich kann einen kleinen Kühlschrank in den vierten Stock tragen, wenn's drauf ankommt.

Mit 23 allerdings lernte ich oft bis spät in die Nacht. Dann bestellte ich Pizza Funghi und Nudeln in Gorgonzolasoße. Die Frustration über meine gescheiterte Beziehung mit Frank tat ihr übriges. Ich hatte mittlerweile zwölf Kilo mehr auf den Rippen, als während meiner »Modelzeit«. Ich musste lachen, wenn ich daran dachte, wie verzweifelt ich meine »95er Hüfte« wegbekommen wollte. Mit Größe 38/40 war ich längst nicht fett, aber ich fühlte mich einfach noch zu jung für einen Hausfrauenhintern und Mutterarme. Andererseits hatte das zusätzliche Gewicht mich geerdet. Ich war erwachsener, ausgeglichener. Klar, wenn man nicht ständig daran denkt, was man nicht essen darf, hat man den Kopf frei. Trotzdem wollte ich wieder etwas für meine Figur tun. Das war eine entscheidende Veränderung in meinem Denken. Mit 18 wollte ich stets etwas *gegen* meine Figur tun.

In einem Literaturseminar lernte ich eine Veganerin kennen und bewunderte ihre tolle Haut und die strahlend weißen Zähne. Bislang kannte ich nur Witze über Veganer: »Das sind doch die, die sogar Wasser verdünnen und unserem Essen das Essen wegfuttern.« Um meine Vorurteile abzubauen, zog ich Wikipedia zu Rate. Vegane Ernährung sei gar nicht so schwierig, heißt es. Man müsse nur auf tierische Produkte jeder Art verzichten. Also auch auf Butter, Eier, Milch und Lederschuhe. Aber wer isst schon Lederschuhe? Tierische Nahrung sei nicht nur fettig, ungesund

und giftig, sondern auch moralisch verwerflich. Auf einschlägigen Websites wurden grausame Massaker an flauschigen Küken und blutige Hühnerfüße in Legebatterien gezeigt. Darum, Obst und Gemüse essen! Sehr vernünftig.

Meine Zeit als Veganerin dauerte zwei Wochen, dann ließ ich mir nicht mehr die Butter vom Brot klauen. Außerdem nahm ich sogar zu. Im Glauben, mich gesund zu ernähren, verzehrte ich täglich ein halbes Kilo Weintrauben. Purer Zucker. Okay, dachte ich, Sport ist eine bessere Alternative, und ich kaufte mir in der Wellness-Abteilung eines Buchladens *The Ultimate New York Body Plan* von David Kirsch. Das ist dieser glatzköpfige Fitnesstrainer, der Heidi Klum nur acht Wochen nach der Geburt eines ihrer Kinder wieder laufstegfit gemacht hat. Da ich nicht gerade Mutter geworden war, dachte ich mir, ich müsste doch mindestens so viel schaffen wie das dauergrinsende Topmodel mit der Piepsstimme: »Weißt, wie ich mein?«

Das Training des Fitnessgurus war echt hart. Jeden Morgen 45 Minuten Ausdauertraining und zusätzlich noch Kräftigungsübungen mit Bällen und Hanteln. Dafür gingen täglich mit Duschen und Umziehen zwei Stunden drauf. Und natürlich soll man auch bei diesem Plan komische Sachen essen. Hartgekochte Eier ohne Eigelb, Putensteaks, Salat und Mandeln. Verboten sind Lebensmittel, die mit a, b oder c beginnen. Also Äpfel und auch das meiste andere Obst, Brot und »Coffee«. Hab ich ein Glück, dass Schokolade im Deutschen mit S geschrieben wird!

Das Ausdauertraining absolvierte ich zumindest jeden dritten Tag. Die anderen Übungen probierte ich einmal aus, fand sie aber langweilig. Eier aß ich ab und zu, aber mit Dotter. Meine Oma würde mich köpfen, wenn ich das wegwerfen würde. Aber der Sport tat gut. Ich verlor immerhin ein Kilo pro Monat, und mit einigen Cola-Light-Tagen hatte ich nach zehn

Monaten wieder meine 95er Hüfte. Nur diesmal war ich stolz darauf.

Noch vor dem Umzug sortiere ich alle meine Diät- und Fasten-bücher aus – das ist mal eine Trenn-Diät, die Spaß macht. Und in der neuen Wohnung weihen Christian und ich unsere Küche mit einem Candle-Light-Dinner ein, denn Liebe geht durch den Magen.

# Pärchenabend

○○○○○○○○○

D as sollten wir öfter machen!« Nach jedem Treffen mit befreundeten Paaren sagt einer der Beteiligten diesen Satz. In der Hitparade der Flursprüche führt »Das sollten wir öfter machen!« knapp vor »Vielen Dank für Speis und Trank« und »Fahrt vorsichtig«.

Meistens verabreden wir uns dann locker für den nächsten Pärchenabend und schieben es immer wieder auf. Nach einigen »Na-ihr-treulosen-Tomaten«-E-Mails bekommen wir jedoch Gewissensbisse.

»Die haben uns das letzte Mal zu sich eingeladen, jetzt sind wir dran«, sagt Christian.

»Ich habe aber keine Lust, aufzuräumen und eine Tischdecke zu kaufen. Können wir nicht einfach in ein Restaurant gehen?«, schlage ich vor.

»Aber sie wollen doch unsere neue Wohnung sehen.«

Und so machen wir dann schließlich doch etwas aus. Christian und ich sind jetzt anderthalb Jahre zusammen und treffen uns häufig mit zwei befreundeten Paaren gleichzeitig. Es ist ein reales Klischee, dass Paare oft mit anderen Paaren ausgehen. Das ist so ein unausgesprochenes gesellschaftliches Gesetz wie: »Du sollst keine Strumpfhosen in Sandalen tragen« oder »Du darfst nicht die SMS deines Partners lesen«. So ein Pärchenabend hinterlässt jedoch manchmal Beklemmungen. Archaische Mann-Frau-Mechanismen werden in Gang gesetzt, es entsteht ein

Gruppenzwang, und in der Konstellation mit anderen wird einem die eigene Beziehung bewusst.

Mit unseren Freunden verabreden wir uns häufig zum Essen, eine Zeitlang sind wir sogar Teil eines Stammtischs. Auweia. Das ist fast so kleinbürgerlich wie ein Schrebergarten. Wir haben am Stammtisch nur teilgenommen, weil wir dachten: »Das ist so bieder, dass es schon wieder cool ist.«

War es nicht.

Oft kochen wir gemeinsam. Das heißt, meistens kochen die Herren der Schöpfung, während ich mit den Mädels im Wohnzimmer sitze und Sekt schlürfe.

Die Paare, mit denen wir uns treffen, könnten unterschiedlicher nicht sein. Sie sind ideale Vertreter der beiden Beziehungs-Grundtypen: die Kuscheligen und die Kratzbürstigen. Die Kuscheligen sind Tabetha und Hendrik. Schon in der Schulzeit waren sie zusammen, und seit acht Jahren sind sie verheiratet. Sie sind perfekt aufeinander abgestimmt, können keine Nacht getrennt verbringen, schreiben sich bis zu 40 Kurznachrichten am Tag und sehen sich nach all den Jahren so ähnlich wie ein Hund seinem Herrchen. Die beiden arbeiten in derselben Firma, haben in ihrem Bad ein Poster mit lustigen Klosprüchen aufgehängt und gehen in ihrer Freizeit gerne wandern. Sie lieben sich zweifelsohne, denn sie können die Finger nicht voneinander lassen. Wenn wir brunchen gehen, haben sie ständig Körperkontakt. Tabetha isst etwas, er streichelt ihr den Rücken. Mich würde das wahnsinnig machen. Bekleckert sich Hendrik, holt Tabetha sofort eine Packung Feuchttücher aus der Handtasche und reibt ihm den Fleck raus. Die unter dem Tisch rubbelnde Tabetha hat im Restaurant schon für peinliche Missverständnisse gesorgt. Sie sind lieb, beinahe harmlos, und werden bestimmt einmal prima Eltern sein.

Ein kratzbürstiges Paar hingegen sind Marion und Simon. Obwohl sich ihre Namen reimen, sind sie alles andere als einträchtig. Die beiden sind wie Feuer und Wasser. Simon ist ein Computerfreak, sieht jedoch glücklicherweise nicht so aus. Er trägt weder Karohemden mit Stiften in der Brusttasche noch Retrobrillen mit schwarzem Rand. Er hat irgendwas mit Informatik studiert. Aber was er jetzt genau macht, vergesse ich immer wieder. Wenn er von seinem Job erzählt, habe ich das Gefühl, ein Güterzug, angetrieben von einer pfeifenden Dampflok fährt mir durch den Kopf, so dass ich kein Wort von dem verstehe, was er sagt. Ich habe mir angewöhnt, zu nicken und wie eine thailändische Masseurin zu lächeln, während er redet. Der Trick ist nur, zu wissen, wann man mit dem Nicken aufhören muss. Einmal fragte er mich am Ende einer Jobanekdote, was ich an Silvester vorhätte. Ich nickte und lächelte weiter im Rhythmus eines Wackeldackels. So merkte er, dass ich innerlich eingeschlafen war.

Simons Freundin Marion ist eine Künstlerin. Sie malt überdimensionale, abstrakte Bilder mit Acrylfarben. Obwohl sie an der Universität der Künste studiert und auch schon mehrfach ausgestellt hat, konnte sie bisher noch kein einziges Bild verkaufen. Das ist eines der Dinge, mit denen Simon sie ununterbrochen aufzieht.

Die beiden frotzeln viel miteinander. Sie macht sich über seine Comicunterhosen und Flugsimulatoranimationen lustig, und er lästert über ihren leichten Schielwinkel und ihre japanische Winkekatzen-Sammlung. Marion und Simon wollen nie Kinder haben und weder zusammenziehen noch die kleinste Fessel der Welt tragen. Obwohl beide über 30 sind, führen sie eine Beziehung, die an Teenager erinnert. So nach dem Motto: Wer dich an den Haaren zieht, mag dich. Wenn man jedoch den Erzählungen von Marion Glauben schenken darf, haben die beiden großartigen Sex. Wahrscheinlich gehören die Streitereien bei ihnen zum Vorspiel.

In welche Kategorie Christian und ich gehören, wird sich noch zeigen.

Da wir uns glücklicherweise mit Umzugsstress und »Noch nicht alles ausgepackt« rausreden konnten, findet der nächste Pärchentreff bei Tabetha und Hendrik statt. Der Abend beginnt wie immer mit Küsschen und der obligatorischen Flasche Wein als Gastgeschenk. Zum Warmwerden reden die Männer über die Verkehrslage, und wir Frauen machen uns gegenseitig Komplimente für das schöne Lipgloss, die neuen Stiefel oder den hübschen Schal.

»Ja, der ist schön, ne? Hat nur fünf Euro gekostet. Der war 70 Prozent reduziert.« Oh, verdammt, ich klinge genau wie meine Mutter. Das muss an dieser Pärchenkonstellation liegen. Wahrscheinlich wird das Schnäppchengen auf dem X-Chromosom vererbt und von einer weiblichen Generation zur nächsten weitergegeben. Ich wette, das haben schon die Jäger- und Sammlerinnen so gemacht.

»Oh, schöne Beeren!«

»Ja, war ganz einfach ranzukommen. Ich musste mich nicht mal bücken!«

Das Pendant zum Männergesprächsthema »Die Straße zur Autobahn haben sie jetzt zugemacht« wäre wahrscheinlich: »Da hinten gibt's leckere Elche. Ist aber so 'n blöder Felsen davor.«

Dann beginnt der Kampf der Geschlechter. Runde eins: Männer gegen Frauen. Der typisch weibliche sowie typisch männliche Gruppenzwang. Die Herren in der Runde tauschen sich über das neueste Mobiltelefon aus – Penisvergleich für Fortgeschrittene. Die Damen lästern derweil über das Interesse ihres Partners im Bestreben, sich im Darunter-Leiden zu überbieten.

»Seit Simon das neue iPhone hat, legt er es nicht mehr aus der Hand. Selbst beim Sex läuft eine Musik-App mit Diashow im Hintergrund. Ich wette, wenn er mir jemals einen Heiratsantrag macht, postet er es garantiert sofort auf Facebook«, sagt Marion.

»Das wird garantiert nicht passieren, Schatz«, antwortet Simon, und Marion streckt ihm die Zunge raus.

»Mein Hendrik ist ein BlackBerry-Fan. Überall muss er seine E-Mails lesen können. Ich sage ihm immer, Liebling, du musst doch nicht ständig erreichbar sein, und E-Mails mit dem Handy zu tippen, ist doch so unpersönlich«, erwidert Tabetha.

»Das musst du nicht verstehen, Mäuschen!«, ruft Hendrik aus der Männergruppe, während ihm Simon seine neuesten Bilder auf dem iPhone zeigt. Sonst ist der Kuscheltyp nie so aufmüpfig gegenüber seiner Liebsten. Aber, dass sie vor versammelter Mannschaft sein Lieblingsspielzeug angreift, kann er nicht auf sich sitzen lassen.

»Christian hat sein Handy immer in der Hosentasche«, höre ich mich sagen. »Dabei soll das doch unfruchtbar machen.«

»Na Hauptsache, es macht nicht impotent!«, prustet Marion. Wir Mädels gackern wie die Hühner und stoßen mit unseren Sektgläsern an. Christian schaut zu mir herüber und hebt eine Augenbraue. Sein Blick fragt: Was sollte das denn gerade? Und ehrlich gesagt habe ich keine Ahnung. So wie die Männer sich genötigt fühlen, ihre Penisse zu vergleichen, wollte ich wohl in puncto »Mein Mann ist merkwürdig« mithalten. Verdammter Gruppenzwang!

Sobald das Essen auf dem Tisch ist, werden die Teams neu gemischt. Jetzt konkurrieren die Paare miteinander. Dabei gibt es zwei Versionen des Wettkampfes. Entweder »Das Tollste, was uns je passiert ist« oder »Das Schlimmste, was uns je passiert ist«. In der Kategorie »Das Tollste« fühlen sich Tabetha und Hendrik am wohlsten. Sie fangen eine Geschichte an, die meist im Urlaub spielt, und verbessern sich dann gegenseitig, damit der andere bloß nicht die witzigsten Stellen vergisst.

»Also, als wir in Polen waren, da ist uns was passiert. Hendrik, erzähl du mal die Story.«

»Welche Story?«

»Na die mit den Pferden. Wo wir reiten waren.«

»Ach so, ja, genau. Also wir waren in Polen auf diesem Reiterhof. Schöne Landschaft, günstige Unterkunft …«

Tabetha unterbricht ihn: »Ich bin vorher noch nie geritten!«

»Ich schon, als Kind, aber da war ich noch schlanker.« Hendrik hält sich seinen Bauch, und Tabetha streichelt ihn liebevoll. Wie immer, wenn jemand auf seine üppigere Figur anspielt, plappern wir wie auf Kommando durcheinander: »Na ja, so schlimm ist es doch gar nicht.«

»Was soll ich denn da sagen?«

»Die paar Kilo extra stehen dir gut.«

»Ein Mann ohne Bauch ist ein Krüppel.«

»Ach, ihr schmeichelt mir. Aber was soll ich auch machen, wenn Tabetha so gut kocht.« Hendrik tätschelt ihre Hand und erzählt weiter. »Jedenfalls waren wir dann auf diesem Reiterhof und wollten ausreiten.« Hendriks Augen strahlen in Erwartung der genialen Pointe, die da noch kommen sollte. Seine Frau hält sich bei der Erinnerung an die Geschichte die Hand vor den Mund, um nicht laut loszulachen.

»Und erzähl mal, welches Pferd du bekommen hast!«, sagt Tabetha prustend.

»Ja, ich geh so zu dem Reitlehrer und frage, welche Pferde wir leihen können, und da gibt er mir einen Schimmel. Den wollte natürlich unbedingt Tabetha haben. Und dann blieb für mich bloß noch …«, Hendrik macht eine dramatische Pause, um die folgende Information zu unterstreichen, »… so ein zotteliges Shetlandpony. Kennt ihr die, die so Fell an den Beinen haben.«

»Die sehen aus wie Schlaghosen!«, lacht Tabetha.

»Ach ja, kenn ich!« Ich gebe mir große Mühe, interessiert zu klingen.

»Ja, und auf dem Pony durfte ich dann reiten!«, gibt Hendrik gespielt peinlich berührt zu. Alle fragen sich, ob da jetzt noch was kommt, oder ob das bereits der Clou war.

Tabetha will uns helfen: »Das Pony hing in der Mitte durch, als Hendrik draufsaß. Das war einfach zu komisch.« Alle lachen höflich. Ich gieße uns noch eine Runde Sekt ein.

»Na ja, da muss man dabei gewesen sein.« Das hätte ich nicht sagen sollen, denn nun kramt Tabetha ihr rosa Handy, das sie in einem Babysöckchen aufbewahrt, hervor und zeigt uns die »extrem« lustigen Bilder von Henrik auf besagtem Pony.

In der Variante »Das Schlimmste, was uns je passiert ist« sind Marion und Simon Meister. Sie unterbrechen sich ebenfalls, jedoch nicht, um den anderen zu unterstützen, sondern um ihn vorzuführen.

»Uns ist vielleicht ein Mist passiert«, eröffnet Marion. »Wir wollten zu der Vernissage eines Freundes …«

»Von wollen kann keine Rede sein. Du wolltest, und ich musste«, ergänzt Simon.

»Ja, *einmal* solltest du halt mitkommen. Das war so eine Arbeitssache.«

»Von Arbeit muss man leben können, mein Schatz.« Eins zu null für Simon.

»Und wieso willst du dich dann mit deinen Flugsimulationen selbständig machen?« Marion schafft den Ausgleich. »Jedenfalls rufen wir uns ein Taxi.«

»Und sie geht natürlich noch mal ins Bad.« Vorlage von Simon.

»Oh, oh! Das kann dauern!«, sagt Christian und haut für Simon das Runde ins Eckige.

»Wie meinst du das denn?«, frage ich.

»Na, du brauchst doch auch immer ewig!« Ich erkenne Christian überhaupt nicht wieder.

»Ich sehe, ihr wisst, was ich meine«, fährt Simon fort. Das Spiel geht weiter. »Marion hat die Angewohnheit, sich nur noch mal kurz den Lippenstift nachzuziehen. Dabei stellt sie dann fest, dass ihr Rock nicht zur Frisur passt. Und dann muss sie sich unbedingt noch umziehen, während die Taxiuhr unten läuft.«

»Ich hatte einen großen Make-up-Fleck auf meinem hellen Oberteil. So konnte ich ja wohl kaum aus dem Haus gehen«, verteidigt sich Marion. »Außerdem läuft die Uhr erst, wenn man ins Taxi einsteigt.« Ballverlust Simon.

»Der Fahrer war jedenfalls ein Araber, glaube ich. Also jetzt vom Namen her.«

»Sei nicht so rassistisch!« Attacke von Marion.

»Ich bin nicht rassistisch. Aber wenn jemand Islam mit Mittelnamen heißt, dann wird er ja wohl kein Jude sein.« Das sollte ein Witz sein, aber niemand lacht. Eigentor Simon. »Jedenfalls telefoniert er die ganze Zeit auf arabisch, vielleicht war's auch türkisch, einigen wir uns darauf, er hatte einen Migrationshintergrund, und fährt durch den Tiergartentunnel. Wir mussten aber nach Mitte. Das ist total falsch. Ich frage ihn, was das soll, und er so: ›Ich muss kurz meine Kinder abholen.‹ Ich dachte, ich höre nicht richtig. In Moabit fährt der plötzlich rechts ran, rennt in einen An- und Verkauf und kommt mit zwei Teenagern zurück.«

»Boah, die haben vielleicht gestunken!«, grätscht Marion rein.

»Ach? Und ich bin rassistisch!« Böses Foul!

»Mann, die haben nach allen möglichen billigen Parfüms gerochen. Als hätten die einen Schlecker überfallen. Die sind dann einfach ins Taxi eingestiegen, einer vorne, einer hinten. Während der Fahrt hat er die zwei dann die ganze Zeit angeschrien. Und wir kamen natürlich zu spät.« Marion steht im Abseits.

»Wieso? Die Bilder waren doch noch da!«

»Ja, aber die Rede vom Kurator war schon vorbei. Dabei wollte ich den unbedingt kennenlernen.«

»Oh, wir haben eine sterbenslangweilige Rede verpasst. Wie tragisch!«

Am Tisch herrscht peinliches Schweigen. Gelbe Karte für Simon. Abpfiff. Aus, aus, das Spiel ist aus! Unentschieden. Aber ich bin mir sicher, die beiden gehen in die Relegation.

»Wer will noch Salat?«, Christian wechselt das Thema. Doch der Abend ist noch längst nicht gelaufen, denn nun sind Christian und ich an der Reihe, eine Geschichte zu erzählen oder uns gegenseitig zu behacken. Erwartungsvolle Augen blicken uns an. Wir sind unschlüssig, was wir erzählen sollen.

»Na ja, wir sind ja gerade erst zusammengezogen«, schlage ich als Thema vor.

»War ganz schön stressig«, geht Christian, diplomatisch wie er ist, darauf ein.

»Ja, hol dir eine Frau ins Haus, und du bekommst den Ärger gratis!«, sagt Simon. Marion tritt ihn unter dem Tisch.

»Ich meinte, der Umzug war stressig«, verbessert sich Christian, »aber meine Mutter hat uns geholfen.«

»Geholfen? Machst du Witze? Sie war doch die Ursache für den Stress.«

Die Frauen verstehen, was ich meine. »Schwiegermutter-Alarm!«, sagen Tabetha und Marion im Chor.

»Was denn? Sie hat die ganzen Schränke eingeräumt«, verteidigt Christian seine Mama.

»Sie hat die Schränke, die ich bereits eingeräumt hatte, wieder ausgeräumt und alles woandershin gestapelt.«

»Mama hat halt ihr System.«

»Ja, aber das muss ja nicht mein System sein.«

»Du hast doch überhaupt kein System!«, wirft mir Christian vor. Ich bin echt sauer. Ich weiß ja, dass ich manchmal chaotisch bin, aber das darf er mir nicht vorhalten. Wir hören uns schon an wie Marion und Simon. Vielleicht schlummert in uns ebenfalls ein kratzbürstiges Paar. Ich werde mir sicherheitshalber ein paar Schuhe mit Spikes zulegen.

Fünf Geschichten und zwölf Gläser Rotwein später verabschieden wir uns. »Mensch, das sollten wir öfter machen!«, sagt Marion. »Vielen Dank für Speis und Trank«, kalauert Simon, und wie erwartet rät uns Tabetha: »Fahrt vorsichtig!«

»Das musst du *mir* nicht sagen«, erwidert Christian, »*sie* fährt heute!«

»Oh, oh, Frau am Steuer!« Hendrik hebt beide Hände und dreht sie, als würde er zwei Glühbirnen einschrauben.

Auf dem Weg zum Auto stelle ich Christian zur Rede: »Was sollte das denn jetzt wieder?«

»Was denn? Ich hab doch nur gesagt, dass du fährst!«

»Ja, wahrscheinlich fahre ich genauso chaotisch, wie ich Schränke einräume!«

»Jetzt fühl dich nicht schon wieder auf den Schlips getreten. Typisch Frau!«

»Sag mal, wie redest du denn? So kenne ich dich überhaupt nicht!«

»Ach, und was war das mit dem Handy in meiner Hosentasche? Und außerdem dachte ich, du magst meine Mutter.«

»Tue ich ja. Stört's *dich* wirklich so, dass ich so lange im Bad brauche?«

»Nee, eigentlich nicht.«

»Oh, Mann, die haben uns angesteckt. Wir brauchen diesen Männer-gegen-Frauen-Quatsch doch überhaupt nicht. So sind wir nicht.«

Christian gibt mir einen Kuss, und wir vertragen uns wieder … bis zum nächsten Pärchenabend, denn, das wollen wir ja öfter machen.

# Donnerstagssocken

○○○○○○○○○

Donnerstagmorgen. Mein Radiowecker klingelt, verkündet den berühmten Stau auf der A9 Richtung Leipzig und dankt einem gewissen Dennis für die Meldung eines Flitzerblitzers. Mist, schon wieder nicht von Musik geweckt worden. Wieso haben wir das Ding überhaupt gekauft? Ich hätte doch meinen Nostalgiewecker mit den 50er-Jahre-Pin-ups aus meiner Singlezeit behalten sollen. Der hat zwar nicht immer geklingelt, sah aber viel besser aus als das Techniktteil, das Christian ausgesucht hat.

Ich bin total erledigt, weil wir nach dem Pärchenabend noch stundenlang über Venus und Mars diskutiert haben. Immerhin waren wir uns einig, dass es sexistisch ist, einen Schokoriegel nach dem Männerplaneten zu benennen und einen Damenrasierer nach der Venus. Ich plädiere wie immer dafür, Ausschlafen als Menschenrecht zu deklarieren. Alle könnten gesünder sein und besser aussehen, wenn jeder so viel Schlaf bekäme, wie er braucht. Ich vermute aber, die Kaffee-Lobby sabotiert meinen alljährlichen Antrag in Den Haag. Außerdem kämpfe ich immer noch mit einem Absinthtrauma, das ich mir letztes Wochenende in Prag zugezogen habe. Christian und ich hatten unsere halb ausgepackten Umzugskisten einfach stehen und liegen lassen und sind für zwei Tage abgehauen. Es war großartig. Wir haben gut gespeist, Staropramen getrunken und wilden Sex gehabt. Die düstere, kafkaeske Atmosphäre der

Stadt verlieh meiner Phantasie schwarze Flügel. Ich wollte cool sein und mich in die Reihen großer Künstler wie Tolouse-Lautrec und van Gogh einreihen, die allesamt Absinth-Junkies waren. Wir kauften uns eine Flasche der grünen Sünde und tranken sie stilecht mit brennendem Zuckerstückchen in unserem Hotelzimmer. Leider wurden wir von dem Kräuterschnaps nicht kreativ, sondern müde und träumten absurdes Zeug. Jetzt versteh ich, wie Kafka auf die Idee mit dem Käfer kam. Meine Selbst- und Fremdwahrnehmung ist an diesem Donnerstagmorgen noch immer wie in giftgrüne Götterspeise gegossen.

Ich schüttele mir die letzten Traumfetzen aus meinem komatösen Kopf und versuche, mich aufzusetzen. Der Versuch schlägt fehl. Meine Augenlider können der Schwerkraft nur wenig entgegensetzen, und ich falle seitlich um, wie diese Ziegen mit dem Gendefekt, die sich bei Gefahr einfach hinwerfen. Quer liege ich auf Christian und schlafe spontan wieder ein. Doch dann trällert mir eine meiner beiden inneren Stimmen ins Hirn: »Nicht lange zedern – schnell aus den Federn, und schon beginnt der Tag mit Schwung – ob du alt bist oder jung«. Diesen Weckruf höre ich seit meiner Kindheit. Mein Vater hat dieses schlimmste aller Lieder immer gesungen, als er mich um halb sechs für die Schule weckte. In meinem Frotteenachthemd platschte ich dann barfuß in die kalte Küche und schob wortlos Knäckebrot und warmen Kakao mit Milchhaut in mich hinein. Ich hasse nichts mehr als Kälte am Morgen. Deshalb laden mich die Stadtwerke als eine ihrer besten Kundinnen auch jedes Jahr zum Frühlingsfest ein.

»Schnell aus den Federn«, predigt die Stimme erneut. Wie eine alte Gouvernante mit weißem Spitzenkragen hockt sie mit erhobenem Zeigefinger über meiner rechten Schulter, da, wo normalerweise der Teufel sitzt, und mahnt mich zur Disziplin.

Auch an diesem ordinären Donnerstagmorgen gehorche ich und schalte endlich den Radiowecker aus.

Ich finde meinen BH als Lesezeichen eingeklemmt in der *Glamour* zwischen dem Boyfriend-Blazer und der Rubrik »Schlau in 60 Sekunden«. Dort sind nämlich diese absolut scharfen Wildlederstiefel abgebildet. Eine Frau ist nie zu müde, um sich für Schuhe zu begeistern.

Nachdem ich besagten BH mit einer labberigen, aber sehr bequemen H&M-Unterhose (ohne Snoopy-Konterfei) kombiniert habe, suche ich meine Socken. Mit Schuhgröße 42 habe ich es vor langer Zeit aufgegeben, elegante Damenstrümpfe zu suchen. Christian und ich teilen uns eine Sockenschublade in unserer neuen Ikea-Spiegelschrankwandkonstruktion, die »Sören mit Front Ilmström« öder sö heißt. Ich tapse zum Schrank, stolpere über einen Wäschekorb und öffne die schwedische Schublade. Ich muss zweimal hinsehen und bin schlagartig wach. Meine eben noch schlaftrunkenen Pupillen erweitern sich wie unter dem Einfluss von Belladonna: Wochentagssocken. Was soll das denn?

»Christiaaaaaan?« Ich stelle meinen Geliebten zur Rede, der noch friedlich vor sich hin träumt und mit seinen Lippen Luftblasen macht. »Hast du die gekauft?« Ich halte ihm eine Donnerstagssocke unter die Nase.

»Was!?« Er schreckt hoch, als hätte ich »Feuer« gebrüllt. Ich klinge wohl ziemlich wütend.

»Sind doch nur Socken, waren billig!« Eine Sekunde später schläft er wieder und macht leise Gurgelgeräusche.

Nur Socken! Es ist viel mehr als das. Wochentagswäsche ist mega spießig! Was kommt als Nächstes? Schonbezüge auf den Sesseln, ein Bausparvertrag?

»Sag mir, wo du stehst«, feixt wieder eine Stimme, nun von meiner linken Schulter. Da sitzt so ein cooles kleines Hippiemädchen, das immer gegen das Establishment ist und niemals erwachsen werden will. Was tun? Nehme ich der aktuellen Zeitangabe des Julianischen Kalenders folgend die Socken mit der Aufschrift Donnerstag, oder wehre ich mich gegen das System, indem ich wild und revolutionär Montagssocken anziehe? Oder bin ich richtig radikal und nehme eine rot bestickte Mittwochssocke und eine grüne Freitagssocke? Damit würde ich den heutigen Tag bewusst überspringen. Oder soll ich mich dem Problem entziehen und einfach gar keine Socken tragen? Der Gedanke an aufgeriebene Blasen, Fußpilz und Schweißfüße schreckt mich jedoch ab. Also beuge ich mich dem aufgezwungenen Fußbekleidungskonzept und probiere die Donnerstagssocken aus. Sobald sie an meinen Füßen sind, nickt die Gouvernante, und das Hippiegirl zerplatzt.

Mal sehen, wie der Tag so läuft in Donnerstagssocken …

Ich binde mir die Haare heute außergewöhnlich streng zurück. Keine Haarsträhne wackelt. Meine Frisur ist glatt und glänzt wie die einer Playmobilfigur. Ist das schon das Donnerstagssockenphänomen? Angepasst sein, nicht auffallen? Bin ich schon gleichgeschaltet in einem Heer von Wochentagswascheträgern? Marschiere ich bald im Takt mit Momos grauen Männern unter der Aufsicht von Orwells Big Brother? Ich putze meine Zähne exakt die empfohlenen drei Minuten lang. Die Zeit stoppe ich mit der kleinen Sanduhr von Colgate, ein Werbegeschenk zu einer Packung Kondome aus der Apotheke. (Die Assoziation der freundlichen Apothekerin ist mir bis heute nicht klar.)

Als die letzten Sandkrümel die Seite gewechselt haben, renne ich zur U-Bahn. Auf wundersame Weise erreiche ich das Bahngleis, als »Alt-Mariendorf« auf der Anzeigetafel blinkt; meine U-Bahn fährt gerade ein. Das hab ich noch nie geschafft. Meistens fährt sie mir vor der Nase weg, und ich darf acht bis zehn Minuten lang abstruse Opernplakate und Werbung für

Senioreneinrichtungen im Schaukasten studieren. Heute gleite ich jedoch elegant wie eine Eiskunstläuferin in den Waggon, vollführe eine Pirouette um die Festhaltestange und lande geschmeidig auf dem einzigen freien Platz, ohne pickelige Studenten oder schwitzige Manager zu berühren. Ein tolles Gefühl. Da ich heute acht bis zehn Minuten früher dran bin, kaufe ich am S-Bahnhof Friedrichstraße für meine Lieblingskollegin Tina und mich je eine fettfreie Latte beim örtlichen Kaffeedealer. Super. Ich bin kollegial und sorge gleichzeitig dafür, dass meine vier Starbucks-Aktien weiter steigen. Ich denke sogar daran, eins von diesen Papphaltedingern mitzunehmen, damit ich zwei Kaffeebecher in einer Hand tragen und mit der anderen die Tür aufschließen kann, ohne meine Bluse einzusauen. Ich bin unglaublich heute!

Im Büro steigere ich meine Arbeitsproduktivität in marxistische Höhen. Ich lächle so viel, dass ich genauso gut meine Mundwinkel an den Ohren festtackern könnte. Ich rufe die unangenehmsten Kunden an und bin so tough und unschlagbar wie Supergirl. Mit meinem entwaffnenden Charme bezirze ich sogar den Feind, einen Herrn vom Finanzamt, unserer Buchhalterin ein wichtiges Formular zu faxen, das eines langwierigen Antrags bedurft hätte. Ich werte endlich die 500 Promotionumfragezettel aus, die ich seit Wochen erfolgreich unter Aktenbergen verscharrt hatte, vergesse zu essen, weil ich in der Mittagspause den kleinen Kühlschrank in der Teeküche abtaue, und mache schließlich Überstunden am Empfang für einen Kollegen, den ich kaum kenne. Ich bin eine speichelleckende Arschkriecherin an diesem Donnerstag. Streberleiche nannten wir so jemanden zu präpubertären Zeiten.

Erst gegen 22 Uhr verlasse ich die Werbeagentur. Gemeinsam mit Tina musste ich noch 60 Heliumballons für die morgige Präsentation unseres neuen Werbespots einer Spielzeugfirma aufblasen. Wir haben natürlich selbst ein paar Mal an der Heliumflasche gezogen und mit unseren Comic-Stimmen das letzte Memo zum Thema »Old Economy gewinnen – Anglizismen vermeiden« vorgelesen:

»Es gibt ein gewichtiges issue im Kommunikationsprozess mit old economy market makern. Die werbetypischen Anglizismen stoßen auf resistance, da die CEOs der family-oriented enterprises entweder des Englischen nicht mächtig sind oder es im Hinblick auf das neue selfunderstanding der Deutschen (»Be Berlin«, »Du bist Deutschland« etc.) ablehnen. Also, im Sinne unserer Re-Retro-Orientation gilt ab sofort: Back to the roots. Speak more German!« Tina und ich lachen uns kaputt.

Danach renne ich vollkommen überdreht ins Fitnessstudio und schwinge meine donnerstagsbesockten Füße auf ein Laufband. Ich jogge eine Stunde lang. Dabei merke ich gar nicht, wie schnell die Zeit vergeht, weil ich nebenbei noch Französischvokabeln mit meinem iPod lerne. C'est incroyable, heute kann ich sogar Multitasking!

Erst nach Mitternacht komme ich abgehetzt nach Hause. Christian fragt mich, was denn los sei. »Alles bestens«, entgegne ich mit dem eingefrorenen Lächeln einer Roboterehefrau aus dem Film *Die Frauen von Stepford* und schlage vor, jetzt noch schnell die Wohnung zu putzen und ein kleines Drei-Gänge-Menü zu kochen. Christian will schon die Männer mit der weißen Jacke rufen, denn er weiß, wenn ich koche, gibt es Tote. Doch als ich meine müden Füße von den Donnerstagssocken befreie, werde ich mit der Fliehkraft eines Teilchenbeschleunigers aus dem Hamsterrad katapultiert. Frau Dr. Jekyll wacht nach einem Mrs-Hyde-Anfall wieder auf.

»Was ist passiert?« Plötzlich knurrt mein Magen, und der Kater in meinen Muskeln miaut dazu. Sofort erscheint das Hippiegirl wieder auf meiner linken Schulter und fordert, jetzt einen Joint zu rauchen oder doch zumindest nackt auf dem Balkon zu tanzen. Aus der Strumpfnarkose erwacht, erblicke ich die Donnerstagssocken und greife mir das nächstbeste Feuerzeug, um sie zu verbrennen. Dummerweise ist das blöde Ding leer. Also werfe ich sie stattdessen demonstrativ in den Müll. Und alle anderen Wochentagssocken gleich hinterher, damit mir so etwas nie, nie wieder passiert. Denn Perfektionismus macht krank. Gehirnwäsche kann auch von unten kommen.

# It's a little bit funny

○○○○○○○○○

Christian und ich haben einen Wellness-Urlaub in Polen gebucht. Sieben Tage lang relaxen wir bei Hot-Stone-Massagen und Cocktails an der Kaminbar. Mir geht's so gut, dass mir beinah schlecht wird. Am ersten Tag schwimmen wir im Salzwasseraußenpool und versichern uns gegenseitig, wie sehr es uns hier gefällt.

»Das ist richtig schön hier«, sagt Christian.

»Ja total!«

»Vor allem der Pool.«

»Echt toll«, bestätige ich.

»Das ist wirklich schön hier.«

»Ja voll.«

Ich weiß nicht, wie viele Stunden wir dieses Gespräch im Dauerloop fortsetzen. Am zweiten Tag jedenfalls vermisse ich bereits die Großstadt mit dem Schienenersatzverkehr und den unfreundlichen Systemgastronomiefachverkäuferinnen. Was hätte ich für einen labberigen Burger mit Kartoffelecken getan! Stattdessen verköstigt man uns mit Dinkelbrötchen, Kressesuppe und Gurkenparfait. Wir haben ein ruhiges Apartment im Landhausstil wie aus *Schöner Wohnen*. Ich habe das Gefühl, ich sei die Protagonistin eines Rosamunde-Pilcher-Films. Jeden Moment hätte der Stallbursche um die Ecke kommen und meine geheimsten Begierden befriedigen können. Nun, die Lady genießt und schweigt, aber so viel sei verraten,

mein Stallbursche findet jedes Mal mühelos die Nadel im Heu-
haufen. Wir verstehen uns innerhalb wie außerhalb des Bettes
mittlerweile auch ohne Worte. Unsere Körper bilden eine ideale Symbiose. Und das nicht nur auf diese Kamasutra-Art.
Auch im Alltag. Mein Kopf passt beim Fernsehen auf der
Couch genau in die Kuhle zwischen seiner Schulter und dem
Schlüsselbein, und wir schaffen es sogar, Arm in Arm einzu-
schlafen, ohne dass einem von uns die Luft abgedrückt wird.
Frank hatte mich im Bett immer so festgehalten, dass mir lediglich der Hohlraum zwischen seiner Brust und seinem Ellenbogen als Sauerstoffquelle zur Verfügung stand und ich regelmäßig mit Kopfschmerzen aufgewacht bin.
Zurück in Berlin beginne ich, meine Schränke auszumisten. Ich
bringe den Pullover in die Kleidersammlung, den ich schon
fünf Jahre nicht mehr anhatte, aber bis dato nicht wegschmei-
ßen konnte, weil ich mal im Kaufrausch in Paris dafür eine halbe Monatsmiete ausgegeben hatte. Ich trenne mich von dieser
einen Flickenjeans, die ich mit 17 in meiner Anarcho-Phase
trug und in die ich immer hoffte, irgendwann noch mal reinzupassen. Ich will plötzlich nur noch schwarz-weiße Sachen tragen. So wandern meine esoterischen Hippiekleider, die pastellfarbenen Seidentops aus der Modelzeit und alles, was nur den
Hauch eines Musters enthält, in eine wasserdichte Kiste in den
Keller. Ich entrümpele sogar die Kammer des Schreckens. Das
ist diese kleine Abstellkammer am Ende des Flures, in die
Christian und ich alles reinstopfen, wenn sich spontaner Besuch ankündigt. Ich treffe dort auf einen halben Eimer der Farbe »Sensual Orange«, mit der ich unsere Wohnung beim Einzug
gestrichen habe, entdecke meine sauteuren Steppschuhe, die ich
nie benutzt habe, neben einem alten Sonnenschirm, einer Iso-
matte mit Beverly-Hills-90210-Motiv und einem Kinderpost-
laden. Keine Ahnung, wo der herkommt. Ich schmeiße alles

weg oder versteigere es bei eBay und mache Tabula rasa. Das tut so gut. Der Frühjahrsputz ist zwar äußerst ungewöhnlich für mich als bekennende Anti-Hausfrau, aber er entlädt die im Wellness-Tempel aufgestaute Energie.

Einige Wochen später nähert sich mein Geburtstag, und wie jedes Jahr will ich in meinem Lieblingsclub mit meinen 30 engsten Freunden reinfeiern. Ich bin mit meinen Tagen ein wenig spät dran, was mir öfter mal passiert. Die kommen meistens immer genau dann, wenn ein wichtiges Ereignis bevorsteht: eine Prüfung, das erste Date oder der Beginn des Sommerschlussverkaufs zum Beispiel. Als sich am Morgen meiner Party noch nichts getan hat, mache ich sicherheitshalber einen Schwangerschaftstest. Seit ich das erste Mal Sex hatte (er hieß Michael, kam immer zu früh und versaute meinen Schlafsack), habe ich stets einen Test im Badschrank. Als Teenager hatte ich panische Angst davor, schwanger zu werden – mein Vater hat mir das nach unserem Horoskopmissverständnis eingetrichtert –, und so machte ich fast jeden Monat einen Test in der Hoffnung, nur den Kontrollstreifen zu sehen.

Erwartungsgemäß ist der Test auch dieses Mal negativ. Ist ja klar, wir haben ja auch verhütet. Also streife ich den Gedanken ab und mein kleines Schwarzes über. Auf der Party trinke ich die zwei Flaschen Champagner, die ich mir nach dem Verkauf meiner Steppschuhe leisten konnte, fast alleine aus. Um Mitternacht tanze ich Limbo mit Susanne und küsse eine lesbische Freundin auf dem Damenklo. Christian schenkt mir einen Gutschein für einen Schießkurs, und von Toby bekomme ich eine pinkfarbene Federboa. Wie gut mich meine beiden Männer doch kennen. Ich bin so blau wie Schlumpfine und hatte lange nicht mehr so viel Spaß. Meine Schulfreundin Isabel hat etwas Gras dabei, und wir rauchen draußen vor dem Club in einer Seitengasse – um der alten Zeiten willen. Ich muss wieder an meinen Tanzstundenabschlussball mit 14 denken. Ich habe weniger Pickel, etwas mehr Busen und einen definitiv besseren Geschmack in Sachen Mode als damals (Auf meinem Abschlussball trug ich ein lindgrünes Puffärmelkleid mit Pailletten. Würg!), aber ansonsten fühle ich mich genauso. Nur dass mein Freund mich nicht nur nach Hause bringen, sondern auch bei mir übernachten und mich nachts um vier mit Geburtstagstorte füttern darf.

Als eine Woche später meine »Post aus Rom« immer noch nicht eingetroffen ist, schiebe ich es zunächst auf den Geburtstagskater und dann auf meine Kollegin Mee, die mich mit ihrer Zickerei mal wieder in den Wahnsinn treibt. Sie definiert das Aufmerksamkeitsdefizitsyndrom neu. Wenn sie nämlich nicht genug Aufmerksamkeit bekommt, dann intrigiert sie gerne. »Du solltest dir ganz genau überlegen, was du auf Facebook postest«, sagt sie in ihrem gewohnt emotionslosen Tonfall. »Das ist eine kriminelle Vereinigung. Du machst dir damit keine Freunde in der Agentur. Ich will da ja keine Namen nennen. Ich wollt's nur gesagt haben.« Ganz schön mees.

Schließlich mache ich einen weiteren Schwangerschaftstest. Wieder nur der Kontrollstreifen. So richtig beruhigt bin ich nicht. Allerdings fühle ich mich überhaupt nicht schwanger. Mir ist morgens nicht übel, ich habe keine Heulkrämpfe, ich will keinen Fisch mit Honig essen, und mein Bauch und meine Brüste sind flach wie eh und je.

Als ich schon fast drei Wochen überfällig bin, konsultiere ich meine Frauenärztin. Ich erzähle ihr von den negativen Schwangerschaftstests, und sie sagt, dass Hormonstörungen in meinem Alter nicht ungewöhnlich seien. Hallo? Ich bin gerade 29 geworden, zum ersten Mal. Das können noch nicht die Wechseljahre sein. Während der Untersuchung verwickele ich sie wie üblich in ein Gespräch, um die Peinlichkeit zu überspielen. Ich rede mit ihr über die Qualen eines Wellness-Urlaubs und frage sie nach der Farbe ihrer Strähnchen. Sie macht professionell ihren Job, während ich quassele.

»Also auberginefarbene Highlights wollte ich auch schon immer mal ausprobieren, aber ich hab Angst, dass sich das dann nicht mehr rauswäscht und …«

Sie unterbricht mich: »Sie sind schwanger.«

»Ja klar!« Ich glaube ihr kein Wort.

»Nein, Sie sind wirklich schwanger. Schauen Sie, hier!«

Sie dreht mir den Monitor zu, auf dem in Schwarz-Weiß das Innere meiner Gebärmutter abgebildet ist. Links unten ist ein kleines Blubberbläschen zu sehen.

»Das ist eindeutig eine Schwangerschaft. Na, dann hätten wir das ja geklärt.«

Sie zieht sich die Gummihandschuhe mit einem schnapsenden Geräusch wieder aus, und mir schießen sofort die Tränen in die Augen. Vor Glück.

»Aber das kann doch nicht … Oh, nein, ich hab gesoffen. Und gekifft. Macht das was?«

»Nein, solange Sie's nicht jeden Tag tun. Alkohol ist nur schädlich bei Dauerexposition.«

Ich springe vom Stuhl und umarme sie. Ich bedanke mich sogar, obwohl sie ja nun wirklich nichts dafür kann. Nach einer Blutabnahme muss ich auf eine mittelalterliche Waage mit Gewichten, die hin- und hergeschoben werden. Dann bekomme ich meinen Mutterpass. Mir sackt das Herz in die Knie. Ich habe mich so gefreut, schwanger zu sein, dass ich komplett vergessen habe, dass ich danach ja Mutter sein werde. Und zwar für den Rest meines Lebens. Oh, Gott, ich kann mich doch nicht mal auf eine Frühstücksflocken-Sorte festlegen. Und ein Kind ist etwas, das man nicht abbestellen oder umtauschen kann. Man kann nicht mal die Rosinen weglassen. Ein Kind bleibt, FÜR IMMER!!!

Jetzt muss ich dringend mit meinem Stallburschen reden. Er ist in seinem Architekturbüro. Ich erwische ihn, als er sich gerade zusammen mit einem Kollegen über einen Stapel Blaupausen beugt.

»Hey, was machst du denn hier?«

»Kann ich mal kurz mit dir reden? Oder vielleicht auch lang?«

Sein Kollege wird vom Zaunpfahl, mit dem ich winke, fast erschlagen und verdrückt sich.

»Was ist denn los?«

Christian berührt meine Schultern mit beiden Händen. Ich kriege Angst. Was ist, wenn er ausflippt? Mich in den Sudan entführt und zur Abtreibung zwingt oder Zigaretten holen geht und nicht wiederkommt? Wir sind gerade erst zwei Jahre zusammen und haben das Thema Baby großräumig umfahren. Als wir vor ein paar Wochen meine Cousine mit ihren drei Kindern besucht hatten, sagte er auf dem Rückweg: »Wie gut, dass wir noch Zeit haben.« Und er meinte nicht die Fahrtzeit. Verdammt, ich verdiene noch nicht allzu viel in der Werbeagentur. Wie soll ich ein Kind ernähren? Hab ich eigentlich Anspruch auf Mutterschutz, und wer zahlt die Krankenkassenbeiträge für das Baby? Ich höre mich an wie meine Mutter. Und überhaupt bin ich bald fett und hässlich, und er wird eine Affäre mit der nächstbesten Sekretärin oder Fitnesstrainerin anfangen. Dabei trainiert er gar nicht.

»Was hast du?«, fragt er wieder.

»Ich bin schwanger.«

Ich halte die Luft an.

»Okay?!«

Er lächelt. Ich halte immer noch die Luft an.

»Dann solltest du besser atmen!«

Ich atme aus. Er grinst und legt sich die Hände auf den Kopf.

»Bist du sicher?«, fragt er.

»Bist du sauer?«, frage ich.

»Nein, Quatsch. Ich freu mich. Wie geht's dir? Alles klar?«

»Ich weiß auch nicht, wie das passieren konnte. Ich hab zwei Tests gemacht, und die waren beide negativ.«

»Komm her!« Er nimmt mich ganz fest in den Arm, und als ich seine warme Haut am Kragen seines Hemdes spüre, muss ich weinen. Ich heule schwarze Mascara-Tränen auf sein bügelfreies Leinenhemd. Und er weint auch.


»Wir sind schwanger!«, ruft Christian ins Telefon.

»Dann musst du jetzt aber mit dem Rauchen aufhören«, sagt seine Mutter und lacht. Sie freut sich für uns. Vor dem Telefonat mit meinen Eltern habe ich jedoch richtig Bammel. Ich ahne bereits die Du-bist-nicht-reif-genug- und Hättet-ihr-nicht-aufpassen-können-Vorwürfe und dann die Fragen nach unserem Einkommen, der Hochzeit und irgendwelchen Versicherungen. Ich versuche wie immer, die Situation mit Humor zu entkrampfen, während Christian meine Hand hält – wir haben auf Lautsprecher gestellt.

»Hi, Mama. Ich bin's.«

»Na, was gibt's?«

»Ich hab 'ne gute und 'ne schlechte Nachricht. Die schlechte ist, dass wir dieses Jahr Weihnachten nicht bei euch feiern werden!«

»Das weißt du jetzt schon?«

»Ja, und die gute ist, dass du so um Weihnachten rum nach Berlin kommst.«

»Und wieso?«

»Weil … das ist in neun Monaten.«

Stille.

»Mama, alles klar?«

»Bist du schwanger?«

»Ja.«

Stille.

»Mama, bitte sag was!«

»Ich weiß nicht, was ich sagen soll. Ich freu mich so für dich.«

»Wirklich?«

Sie weint vor Freude. Ich kann es nicht fassen.

»Aber was ist mit meinem Job und dem Versicherungskram?«

»Das ist doch jetzt alles unwichtig. Hauptsache, dir geht's gut und das Baby ist gesund. Ich hab dich so lieb, mein Kind.«

Jetzt heulen wir alle.

Nach einigen Wochen habe ich mich an den Gedanken gewöhnt, Mutter zu werden. Heiraten wollen wir erst mal nicht. Zum einen träumte ich schon immer von einem Brautkleid mit enger Korsage und zum anderen – wen interessiert's! Nur mein Nazi-Opa fragt, wann mich Christian zu einer ehrbaren Frau machen würde.

Ich erzähle der ganzen Welt von meinem Glück. Ich bitte Fremde in der Tram, für mich aufzustehen, obwohl ich gerade in der zehnten Woche bin und man noch gar nichts sieht. Ich poste sogar ein Ultraschallbild von dem kleinen Gummibärchen auf Facebook und bekomme 107 Gefällt-mir-Kommentare. Viele Freundinnen warnen mich, ich solle doch die ersten drei Monate abwarten, bevor ich allen von meiner Schwangerschaft erzähle, weil danach die Gefahr einer Fehlgeburt geringer ist. Für mich steht es jedoch außer Frage, dass ich ein gesundes Kind kriegen werde. Wenn es sich trotz Kondom und Kiffen seine Existenz erkämpft hat, muss es ein echter Power-Fötus sein. Im Büro gratulieren mir alle bis auf ADS-Mee. Sie ist ziemlich zynisch. Alle anderen Kolleginnen bringen mir Obst mit, geben mir tolle Namenstipps oder wollen meinen Bauch anfassen. Mee jedoch macht nur abfällige Bemerkungen.

»Na, dann ist es mit dem Sex jetzt wohl vorbei«, sagt sie, als ich allen Kollegen zur Feier der frohen Botschaft eine Kinderüberraschung schenke. Dabei habe ich während der Schwangerschaft den besten Sex *ever*, weil die Hormone einen so scharf machen. »Schwangerschaft macht wohl vergesslich!«, spöttelt sie, als ich einmal einen Ordner falsch ablege. Der Gipfel ist, als sie mir in einer Teambesprechung vorwirft, meine Gefühle nicht im Griff zu haben.

»Ich wollte dich lediglich darauf hinweisen, dass überschwengliche Freude aufgrund deiner hormonellen Situation beim Kunden unprofessionell wirken kann.«

Was soll ich tun? Mein inneres Leuchten ausknipsen? Ich wache jeden Morgen mit einem Lächeln auf, weil alles plötzlich einen Sinn hat. Ich fühle mich bombastisch. Mir ist weder schlecht noch bin ich ängstlich, und von Fressanfällen in der Nacht bleibe ich auch verschont. Ganz im Gegenteil. Ich habe großen Appetit auf gesunde Sachen wie Kohlrabi und Rote Bete, und mit meinen früheren Lieblingschips kann man mich jagen. Entgegen dem Klischee verspüre ich überhaupt keine Lust auf saure Gurken, obwohl ich sie früher kiloweise verschlungen habe. Dafür mag ich Sachen, die ich als Kind gerne aß. Zum Beispiel Buchstabensuppe, rote Grütze oder Eier in Senfsoße. Das Schwierigste ist jedoch, auf meinen geliebten Kaffee zu verzichten. Alkohol brauche ich nicht, geraucht hab ich eh nie, Nägellackieren muss nicht sein, selbst den dunkelblonden Haaransatz während des ersten Trimesters, als ich mir die Haare nicht färben darf, ertrage ich stumm, aber Kaffee brauche ich wirklich. Der Koffeinentzug dauert einige Wochen. Ich bin unendlich müde und bitte meine Kollegen, wenigstens an ihren Heißgetränken schnuppern zu dürfen.

»Das hättest du dir überlegen sollen, bevor du dich hingelegt hast«, stichelt Mee und wird von allen in der Büroküche stehengelassen. Ich schätze, sie ist eifersüchtig. Sie selbst scheint in ihrer Beziehung nicht glücklich zu sein. Ich habe ihren Freund einmal kennengelernt, beim Pizzaessen zu unserem Einstand. Er ist ein großer Junge, der bis spät in die Nacht *Egoshooter* am Computer spielt und ohne seine Freundin mit Kumpels nach Mallorca fährt. Mee ist vermutlich neidisch auf meinen immer größer werdenden Bauch.

Ab dem dritten Monat passen mir meine engen Röhrenjeans nicht mehr. Ich trage nur noch Kleider oder Jeggings. Das sind Leggings, die so aussehen wie Jeans, aber trotzdem dehnbar sind. Ich weigere mich standhaft, Umstandsmode zu kaufen. Selbst bei H&M gibt's nur altmodische Bootcut-Jeans mit Gummieinsatz, die »Mutter« schreien, oder rosa-geblümte Rüschenoberteile. Nein danke. Ich bin schwanger und keine Happy-Baby-Barbie. Als ich in der 17. Woche bin, werden Christian und ich auf die Hochzeit seiner Tante eingeladen, und ich habe nichts anzuziehen. Die Schwangerschaft ist vermutlich die einzige Zeit im Leben einer Frau, in der dieser Satz wirklich stimmt. Ich erstehe ein langes, nudefarbenes Spitzenkleid. Dabei trage ich eigentlich nie lange Kleider. Meine Beine sind mein Kapital. Das Dress ist sehr romantisch und erinnert mich ein wenig an Jane Austen. Da die Trauung in einem Schloss stattfindet, ist das durchaus passend.

Am Abend, bevor wir losfahren, überkommen mich jedoch Zweifel. Irgendwie sehe ich in diesem Romantikfummel noch schwangerer aus. Ich fühle mich wie ein dickes Mädchen, das von Mutti hübsch gemacht wurde. Als einzige Alternative bleibt mein kleines Schwarzes, das ich zuletzt an meinem Geburtstag trug. Es ist aus Stretch und passt sogar noch. Allerdings rutscht es durch den dicken Bauch etwas höher, und meine mittlerweile gigantischen Brüste quellen oben raus. Mein halbausgefülltes B-Cup ist nämlich einer stolzen 80C gewichen. Yes! Dann tue ich etwas, das eine Frau nie tun sollte: Ich frage Christian um Rat.

»Ich find beide gut«, ist seine diplomatische Antwort, nachdem ich unseren Wohnzimmerläufer zum Catwalk umfunktioniert und beide Variationen präsentiert habe. Ihm ist einfach nicht klar, wie wichtig diese Entscheidung für mein ganzes Leben als Frau und Mutter ist. Das Spitzenkleid sagt: »Ich bin zwar noch ganz elegant, lege aber nicht mehr so viel Wert auf mein Äußeres, seit ich schwanger bin.« Das kleine Schwarze sagt: »Ich bin genauso cool und sexy wie immer und zeige stolz meinen Babybauch.« Allerdings könnte es auch so wirken, als müsste ich in dem Minikleid unbedingt beweisen, dass ich noch sexy bin. Da Christian derartige Frauenprobleme zu hoch sind, berufe ich eine Videokonferenz via *Skype* ein. Susanne ist für das Spitzenkleid, was mich nicht weiter überrascht. Sie ist eher der entspannte Öko-Typ. Toby ist für das kleine Schwarze: »Du kannst es dir leisten, Barbie!«

Und ich muss ihm recht geben. Ich sehe wirklich scharf aus in dem Teil. Ich habe dank intensivem Crosstrainer-Workout gerade mal drei Kilo zugenommen. Ich mache jetzt sehr viel Sport, schließlich gibt es keine medizinische Notwendigkeit für einen dicken Schwangerschaftshintern. Also entscheide ich mich für das kleine Schwarze und schwöre mir, dass ich mich auch als junge Mutter nie gehenlassen und in Jogginghosen und ohne Make-up das Haus verlassen werde.

Ich versuche, eine vorbildliche Schwangere zu sein und alles richtig zu machen. Ich laufe jedes Mal einen weiten Bogen um die Tankstelle, an der ich auf dem Weg zur U-Bahn vorbei muss. Ich schlucke fünf Sorten Vitamine, bade nur noch in lauwarmem Wasser, um keine Frühwehen auszulösen, und habe bereits zwei dicke Schwangerschaftsratgeber durchgelesen. Ich bin so gut über Dammmassagen und Presswehen informiert, ich könnte mein Kind zur Not auch alleine zur Welt bringen. Die Geburt macht mir komischerweise überhaupt keine Angst. Ich weiß, dass es weh tun wird, aber bei den Geburtsschmerzen kommt ja was bei raus, im wahrsten Sinne. Während alle anderen Schmerzen dem Körper nur anzeigen, dass was kaputt ist.

Nur eine Sache macht mir Sorgen. Der fünfte Monat ist bald rum, und ich spüre das Baby noch nicht. Manchmal ist da was, aber ich bin mir nicht sicher, ob es vielleicht nur Blähungen sind oder der Reißverschluss meiner Jacke. In den Ratgebern steht, man solle den Föten Mozart vorspielen für eine gesunde Entwicklung. Aber ich will ja nachher nicht so ein Geige spielendes Elitekind mit Doppelnamen haben. Meine Cousine rät mir, meinen Lieblingssong ganz oft zu singen, weil das Baby später bei diesem Lied gut schläft. Ich kann mich monatelang nicht entscheiden. Mein Lieblingslied ist *The Passenger* von Iggy Pop, dadadab, dadadab, dadadab, da kann man nicht viel singen. Jede Woche schaue ich in der Schwangerschaftsbibel nach, ab wann mein kleiner Passagier hören kann, um zu wissen, wie viel Zeit ich noch für die Auswahl habe. Ein Kinderlied kommt jedenfalls nicht in Frage. Das fand ich immer schon gruselig: »Morgen früh, wenn Gott will, wirst du wieder geweckt.« Ja und was ist, wenn er nicht will?

Und dann, eines langweiligen Vormittags in der Werbeagentur, läuft eine Melodie im Radio, die mit »It's a little bit funny, this feeling inside« beginnt. Und in diesem Moment spüre ich das erste Mal, dass sich mein Baby bewegt. Eindeutig. Es ist *Your Song* von Elton John. Bei der Textstelle »How wonderful life is while you're in the world« singe ich laut mit, und mir kullern dicke Tränen über die Wangen. Soll Mee doch sagen, ich hätte meine Gefühle nicht im Griff. Ich habe endlich den perfekten Ohrwurm für mich und mein Baby gefunden.

# Danksagung

ooooooooo

Ich danke Sophia und Oliver Tautorat, meinen Eltern und Brüdern, Tanja Parakenings, Hannah Ewe, Swantje Steinbrink, Franziska Schneider, Julia Heppner und den Mitarbeitern und Gästen des prime time theater für die Inspirationen und die Unterstützung.

*Constanze Behrends*